Introducción al
Arte
para niños

Introducción al
Arte para niños

Los cuadros y las esculturas más famosas del mundo

Por Heather Alexander

Ilustrado por Meredith Hamilton

Grupo Editorial Tomo, S.A. de C.V.,
Nicolás San Juan 1043,
03100 México, D.F.

1a. edición, octubre 2014.

A Child's Introduction to Art
Heather Alexander
Copyright © 2014 por Black Dog & Leventhal Publishers, Inc.
Copyright del arte original © 2014 por Meredith Hamilton
Originalmente publicado en inglés por Black Dog & Leventhal Publishers, Inc.

© 2014, Grupo Editorial Tomo, S. A. de C. V.
Nicolás San Juan 1043, Col. Del Valle
03100 México, D. F.
Tels. 5575-6615, 5575-8701 y 5575-0186
Fax. 5575-6695
www.grupotomo.com.mx
ISBN-13: 978-607-415-683-6
Miembro de la Cámara Nacional
de la Industria Editorial No 2961

Traducción: Francisco Emrick
Diseño de portada: Karla Silva
Arte original: Meredith Hamilton
Formación tipográfica: Armando Hernández
Supervisor de producción: Leonardo Figueroa

Para mi mamá, quien me llevó por primera vez a los museos de arte de la ciudad de Nueva York.

—H. A.

Mi agradecimiento para Peter L., quien amablemente me permite pintar en su granero.

—M. H.

Contenido

Hablemos de arte 8

   En el comienzo... 10

   El antiguo Egipto 11

   El arte griego y romano 12

   El arte medieval. 13

   El arte antiguo en el mundo 14

Los hermanos Limbourg 16

Jan van Eyck. 18

Sandro Botticelli. 20

Leonardo da Vinci 22

Alberto Durero. 24

Miguel Ángel 26

Pieter Brueghel 28

Diego Velázquez 30

Rembrandt van Rijn 32

Jan Vermeer. 34

Hablemos acerca del color. 36

Francisco de Goya. 38

Katsushika Hokusai 40

Édouard Manet 42

Winslow Homer 44

Claude Monet 46

Edgar Degas. 48

Paul Cézanne 50

Pierre-Auguste Renoir. 52

Mary Cassatt 54

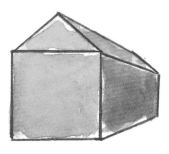

¿Cuando es plano o no es plano? 56

Auguste Rodin 58

Henri Rousseau 60

Paul Gauguin 62

Vincent van Gogh 64

Georges Seurat 66

Gustav Klimt 68

Edvard Munch 70

Henri de Toulouse-Lautrec 72

¿Dónde se encuentra el arte? 74

Henri Matisse 76

Paul Klee 78

Franz Marc 80

Pablo Picasso 82

Salvador Dalí 84

Jackson Pollock 86

Jacob Lawrence 88

Andy Warhol 90

¿Qué ocurre en la actualidad con el arte? 92

Índice temático 94

Cronología del arte. 96

Hablemos de arte

*"Un hombre escala una montaña porque la montaña está ahí.
Un hombre crea una obra de arte porque la obra no está ahí."*
—Escultor Carl Andre

¿Qué es el arte?

El arte no es algo aislado. El arte es todo lo que está a tu alrededor, desde los dibujos que garabateas en los cuadernos de tu tarea, hasta la pintura en la sala de tu casa y las fotos de la familia que tomaste durante las vacaciones.

En este libro, nos concentraremos en las pinturas, las esculturas y los dibujos famosos. Sin embargo, el arte visual también incluye el *collage*, los vitrales, la fotografía, los grabados, el grafiti, los pósteres de películas, los anuncios publicitarios, el diseño y probablemente muchas otras actividades artísticas que no hemos mencionado.

¿Cuál es la motivación para el arte?

La mayoría de los artistas responderán que el arte los hace felices. Son felices cuando lo crean. Son felices cuando lo contemplan.

Pero el arte es más que diversión y decoración. El arte es una forma de expresarte a ti mismo. Puedes relatar una historia o dejar grabado cómo se ve alguien. Puedes compartir tus sentimientos o comunicar tus ideas u opiniones. Puedes incluso observar con detenimiento el mundo y explorar tus sueños y pesadillas.

¿Dónde está el arte?

En todas partes. El arte que aparece en este libro se encuentra en su mayoría en los museos, pero el arte puede mostrarse en edificios públicos, iglesias, teatros, parques, en paredes de edificios e incluso en tu escuela. Contempla y mira todo el arte que está a tu alrededor.

¿Ves lo que yo veo?

¿*Contemplar* el arte es lo mismo que *ver* el arte? Utilizas tus ojos para ver el arte y tus ojos envían la imagen a tu cerebro. Pero el cerebro te dice a ti qué ver dependiendo de tu edad, tus intereses, tu experiencia y cómo te sientes ese día.

Por ejemplo, mira las nubes. ¿Qué formas y figuras tienen las nubes? Lo que ves y lo que algún amigo ve quizá no sea lo mismo. Exactamente como ocurre con las nubes, las personas con frecuencia ven la misma pieza de arte de manera diferente. No existe lo correcto y lo incorrecto cuando contemplas el arte. Lo diferente solo es diferente. El buen arte nos hace pensar y puedes amarlo u odiarlo.

¿Qué es un estilo de arte?

Este libro muestra a 35 artistas. Cada artista tiene su **estilo** propio. Un estilo es como una firma. En este libro te encontrarás con varias palabras que finalizan en "ismo". Estos términos describen un estilo de arte o un **movimiento**. Un movimiento es cuando varios artistas comienzan a pintar o a crear en un estilo similar.

Diez preguntas que puedes hacer cuando Contemplas el Arte

1. ¿Qué veo?
2. ¿Qué más veo?
3. ¿Cómo me hace sentir?
4. ¿Por qué me hace sentir de esta manera?
5. ¿Qué creo que el artista sentía?
6. ¿Cuál pienso que es la historia, si es que hay una?
7. ¿Qué clases de colores y formas puedo ver?
8. ¿Me gusta esto?
9. ¿Por qué me gusta o por qué no?
10. ¿Lo colocaría en la pared de mi recámara?

¡Advertencia! No intentes leer todo este libro en una sola sentada. Toma todo el tiempo que necesites para disfrutar verdaderamente el maravilloso mundo del arte.

En el Comienzo . . .

Nadie sabe cuándo los seres humanos pintaron por primera vez. Las pinturas más antiguas se encontraron en paredes ubicadas en las profundidades de unas cuevas y se cree que fueron pintadas en épocas tan remotas como 30 000 años a. C. En esa época, la gente cazaba y recolectaba sus alimentos. Se movía de lugar en lugar, siguiendo a los animales y elaboraba sus herramientas de piedra, hueso o madera. No se utilizaba ningún metal, así que a esta época se le llama la Edad de Piedra.

Pinturas rupestres en Lascaux
(Alrededor del año 18000 a. C. Lascaux, Francia)

En 1940, en Lascaux, Francia, cuatro muchachos llevaron a su perro a dar un paseo. El área tenía varias cuevas de piedra caliza. El perro se escapó y desapareció por un agujero en el suelo, así que los chicos se arrastraron por el hoyo en su búsqueda y llegaron a un enorme espacio subterráneo. Uno de los chicos encendió un cerillo y, con la luz parpadeante, contemplaron un escenario sorprendente. ¡Las paredes y el techo de la cueva estaban cubiertas con pinturas primitivas de animales! Al día siguiente le informaron a su maestro y regresaron con una lámpara para ver mejor las pinturas. Las cuevas contenían más de 600 pinturas y 1 500 grabados. Los historiadores de arte creen que estas imágenes fueron pintadas hace casi 20 000 años.

Las imágenes eran en su mayoría de animales en movimiento —bisontes, toros, venados y caballos— que fueron cazados en esta área de Francia. Algunas personas creen que el arte se creó para ayudar a la gente a cazar. Otras creen que fue para contar la historia de sus cacerías. Otras piensan que era únicamente decoración. ¿Tú qué crees?

Durante quince años un gran número de turistas acudió a las cuevas para contemplarlas con iluminación moderna, pero luego las cuevas tuvieron que ser cerradas para el público. A pesar de que las pinturas sobrevivieron muchos miles de años solas en la oscuridad, comenzaron a deteriorarse terriblemente en solo unos pocos años debido a la exposición a la luz, así como a la contaminación del aire y humana.

El Antiguo Egipto

En el Antiguo Egipto, aproximadamente entre los años 3300 a. C. 330 a. C., el arte tuvo el poder de transportarte de la vida a la muerte y viceversa. Los egipcios que vivieron en esa época creían en la vida eterna después de la muerte. Para el viaje a este nuevo mundo, el cadáver se secaba y se envolvía en capas de tela para hacer una momia. Después, la momia se colocaba en un ataúd decorado. Los artistas pintaron retratos en las cubiertas de madera de los ataúdes. También había murales, que son pinturas hechas en una pared o techo, los cuales cubrían los sepulcros de los gobernantes ricos y poderosos, llamados faraones.

De pie, bien erguidos

Los artistas egipcios eran estrictos con las reglas. Todas las personas que dibujaban estaban inmóviles. A menudo combinaban un cuerpo visto de frente con un rostro visto de lado, o **perfil**. Los artistas usaron un estricto sistema de cuadrícula, como una especie de papel cuadriculado, para asegurarse de que los cuerpos se pintaban con la **proporción** correcta.

Con la proporción, los tamaños de los objetos tienen un sentido apropiado en relación con otros, así una pierna es más grande que una nariz, un hombre es más grande que un bebé y un árbol es mayor que una manzana. También se aseguraron de que todo fuera **simétrico**, lo que significaba que un lado era exactamente igual que el otro.

Grandes formas

A los egipcios les gustaba tallar estatuas súper enormes. La Gran Esfinge de Giza, la cual mide aproximadamente 20 metros de altura y 57 metros de largo, es una de las mayores estatuas talladas de una sola pieza de piedra.

Escritura con dibujos

La escritura con dibujos de los antiguos egipcios se conoce como **jeroglíficos**, lo cual significa "escritura sagrada". Existen más de 1 000 jeroglíficos o símbolos, los cuales pueden representar una idea o un sonido.

Los jeroglíficos fueron un misterio total hasta el año de 1799, cuando se descubrió la Piedra de Rosetta, en Egipto. Esta tableta de piedra tenía un texto escrito en jeroglíficos, griego y otro tipo de escritura egipcia. Los lenguajes diferentes permitieron a los expertos decodificar los jeroglíficos.

¿Puedes escribir tu nombre en jeroglíficos?

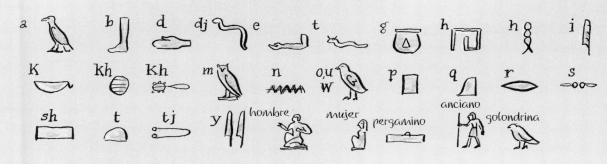

ARTE GRIEGO Y ROMANO

Al arte de los antiguos griegos (aproximadamente entre el año 500 a. C. y el 30 a. C.) y al arte de Roma (entre el año 300 a. C. y el 500 d. C.), se les denomina **arte clásico**. En su arte, los griegos y los romanos celebraron la belleza del cuerpo humano y la grandeza de sus dioses.

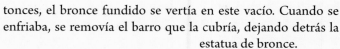

Pintura en cerámica

La cerámica pintada fue una de las más grandes formas de arte en la antigua Grecia. Los griegos eran muy diestros en la utilización del torno de alfarero. Pintaron su cerámica con escenas de la vida diaria e historias de los dioses y héroes. En lugar de pintura, usaron una mezcla de arcilla y agua para decorar la cerámica. Esta era calentada o expuesta al fuego en un horno muy caliente para cerámica.

tonces, el bronce fundido se vertía en este vacío. Cuando se enfriaba, se removía el barro que la cubría, dejando detrás la estatua de bronce.

Escultura griega

Los griegos eran maestros de la **escultura**. La escultura tradicional es un arte de tres dimensiones que puede observarse desde todos los lados. La mayoría de las esculturas griegas eran de personas. A diferencia de los egipcios, los artistas griegos intentaban mostrar a los humanos en una forma natural.

Los griegos esculpían el mármol para sus esculturas y también usaban el bronce fundido. Para hacer esto, primero hacían la escultura de barro. Luego, cubrían el barro con cera y agregaban otra capa de barro sobre esta. Cuando toda la pieza era expuesta al fuego, el gran calor derretía la cera, dejando un espacio vacío ente las capas de barro. En-

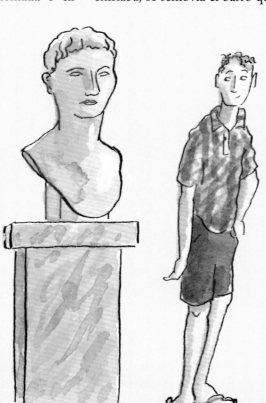

Escultura romana

Después de que los romanos conquistaron Grecia, se inspiraron en los artistas griegos, a quienes admiraban mucho, para hacer sus esculturas. Los romanos tallaron **bustos**, o esculturas de cabezas, de personas importantes; les dieron rostros realistas y características únicas. Estos bustos fueron la primera semejanza facial verdadera en la historia del arte.

ARTE MEDIEVAL

Durante 1 000, años después de la caída del Imperio romano, en una época llamada la Edad Media, o Época Medieval, se produjo muy poco arte. Los historiadores denominaron a este periodo la Era del Oscurantismo, debido a que parecía que las luces se habían extinguido en la cultura. El **tapiz de Bayeux** fue uno de los pocos logros brillantes.

El tapiz de Bayeux es una pintura de un relato, bordada o cosida con lana de colores en un enorme trozo de tela de lino. Ilustra la batalla de Hastings en el año de 1066, entre Normandía e Inglaterra. Los normandos triunfaron. Los normandos eran franceses, así que durante los siguientes 300 años se habló francés en Inglaterra. Un taller completo de personas pasó diez años diseñando y cosiendo el tapiz. Tiene más de 70 escenas, cada una mostrando un acontecimiento diferente en vísperas de una batalla y también incluyendo esta misma.

Los tapices eran colgados en las paredes de los castillos durante la época medieval. El tapiz de Bayeux tiene una longitud aproximada de tres albercas grandes. No es un tapiz tejido sino el bordado más grande que jamás se haya creado. Ha permanecido en Bayeux, Francia, por mucho tiempo, y es una de las obras de arte más importantes que sobrevivieron a la Edad Media.

El tapiz de Bayeux

(DÉCADA DE 1070. BORDADO EN LINO. EL MUSEO DEL TAPIZ DE BAYEUX, BAYEUX, FRANCIA)

EL ARTE ANTIGUO EN EL MUNDO

El arte chino

Los antiguos emperadores chinos gastaron una gran cantidad de su enorme riqueza en arte, pagándoles a los artistas para decorar sus palacios con pergaminos, biombos y abanicos pintados. Cuando se desenrollaba una pequeña parte de un pergamino, este contaba una historia en imágenes. *El festival Qingming junto al río*, es uno de los más famosos pergaminos panorámicos y fue creado por el artista Zhang Zeduan, a principios de la década de 1100. La pintura de 5.18 metros muestra a las personas, tanto ricas como pobres, en sus actividades diarias a un lado del río, así como comprando en el mercado.

Los chinos decoraron la seda y el papel con **caligrafía**, el arte de la escritura manual, (*La caligrafía se mira como esto*).

Los alfareros chinos inventaron la **porcelana**, una cerámica blanca, delgada y resistente, a la que se le daba forma de jarrones y tazas. Luego, se pintaba con diseños delicados en azul cobalto.

El arte islámico

El islam es una religión fundada por el profeta Mahoma en el año 622. Se difundió desde Arabia hasta Asia, África y Europa. La mayoría del arte islámico antiguo, como cerámica, cristalería, mosaicos, alfombras y tallados muy elaborados, se hizo para decorar los templos islámicos de oración, llamados **mezquitas**. El arte en las mezquitas es diferente del arte occidental y asiático debido a que no muestra imágenes de seres humanos y criaturas vivientes.

El Domo de la Roca en Jerusalén

El festival Qingming junto al río

(DÉCADA DE 1100. TINTA Y COLOR EN SEDA. MUSEO DEL PALACIO, EN BEIJING, CHINA)

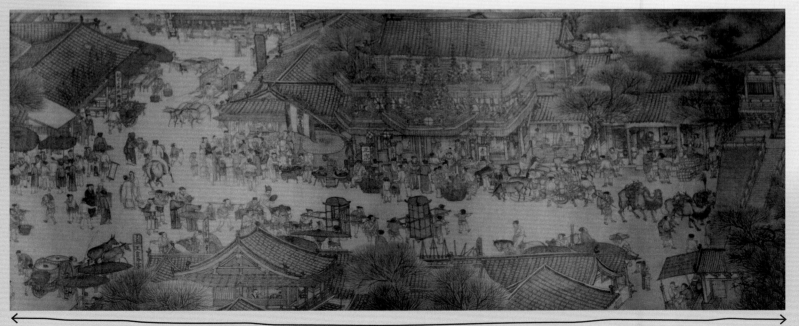

¡5.18 metros de largo!

En el arte islámico, a menudo verás **patrones** de elementos repetitivos. La mayoría de estos patrones están elaborados con formas geométricas, flores, hojas o vides. Estos patrones con frecuencia adquieren la forma de **mosaicos**. Los mosaicos, que son pequeñas piezas de vidrio, piedra o cerámica de colores, se arreglan en patrones intricados y se fijan con yeso o cemento. Una de las más famosas estructuras con mosaicos se encuentra en el Domo de la Roca, en Jerusalén.

El arte africano

En el África antigua, las **máscaras** se tallaban en madera con las imágenes de ancestros o espíritus, con mayor frecuencia para usarse en ceremonias religiosas. Una vez que una persona se colocaba una máscara, se convertía en el ser que la máscara representaba. Las máscaras podían decorarse con marfil, piedras preciosas y pelo de animales.

También se tallaban estatuas de madera en el África antigua. Las estatuas honraban a ancestros, reyes y dioses. Muchas tenían cabezas largas con rasgos faciales exagerados, ya que los africanos creían que la cabeza era la parte más importante del cuerpo.

El arte nativo americano

El pueblo nativo americano del noroeste de la costa del Pacífico, talló **postes tótem** con árboles de cedro completos. Estas altas esculturas mostraban animales y personas pintados con colores intensos, apilados unos encima de otros. Los tótems fueron creados para registrar una historia familiar, para relatar historias y para protección.

El **tejido de canastas** es una de las artesanías más antiguas de los nativos americanos. Las canastas se tejen con raíces, cortezas, pasto y ramas pequeñas. Las distintas tribus tienen estilos diferentes y usan patrones geométricos también diferentes.

Tótem nativo americano

El arte latinoamericano

En Centroamérica y Sudamérica, el **oro** se encontraba en abundancia en las montañas y los ríos. Los pueblos antiguos utilizaron el resplandeciente metal para elaborar joyería, máscaras, aretes y estatuas pequeñas.

Máscara africana

Estatua africana de madera

Máscara latinoamericana

Los hermanos Limbourg

De finales de la década de 1380 A 1416

ras más grande, el cual nombró **Très Riches Heures** (*Las muy ricas horas*). Este segundo libro es considerado una obra maestra absoluta de la iluminación. Contiene 206 páginas de arte y textos decorativos. Antes de que pudiesen terminar el libro, los tres hermanos fallecieron en una epidemia, en el mismo año. La peste bubónica, también llamada la muerte negra, fue una enfermedad mortal que mató a más de un tercio de la población de Europa en solo tres años.

Tres hermanos holandeses de nombre Herman, Paul y Johan (o Jean) Limbourg convirtieron la decoración de libros en un bello arte durante la Edad Media. Los hermanos Limbourg nacieron a finales de la década de 1380 en Holanda, en una familia de artistas. Su padre era un escultor de madera y su tío era un pintor que trabajaba para la reina de Francia y el duque de Borgoña. Los hermanos comenzaron a pintar para la familia real cuando eran adolescentes y fueron contratados por Jean, duque de Berry, el más acaudalado mecenas de las artes en Francia.

Libros pintados

El duque les pidió a los hermanos Limbourg que elaboraran para él un **libro de horas**, el cual contenía oraciones para cada hora del día, para todo el calendario. La mayoría de los libros en esa época eran religiosos y se escribían completamente a mano por una persona llamada **escribiente**. El duque deseaba que los hermanos Limbourg **iluminaran** su libro con pinturas en colores llamativos, decoradas con oro. Iluminar significa "dar color".

El libro de las horas de los hermanos Limbourg tuvo las primeras ilustraciones con un detalle muy realista. Ellos fueron los primeros en ilustrar una escena en la nieve, los cielos con nubes y el humo elevándose de una chimenea. Cuando los hermanos finalizaron, el duque les solicitó otro libro de ho-

Letras iluminadas

En la iluminación de manuscritos, la primera letra de una página con frecuencia es mucho más grande que las otras y está llena de decoraciones. ¡Intenta hacer las tuyas!

Necesitarás lo siguiente:
- Papel blanco
- Lápiz y borrador
- Marcador con punta de fieltro de color negro
- Lápices de colores
- Crayón dorado

Tu creación:

1. En el centro del papel, haz un bosquejo ligero de la primera inicial de tu nombre. Haz una letra "espaciosa", dejando lugar suficiente en su interior para decorarla.

2. Dentro de la letra, dibuja pequeñas imágenes que te representen. Si juegas futbol, dibuja un balón de futbol. Si te gusta la música, dibuja una nota musical. O simplemente puedes dibujar decorados como estrellas, corazones y caritas sonrientes.

3. Colorea tu letra y tus decorados con lápices de colores. Usa tu crayón dorado para agregarle pedacitos de oro. Luego delinea el contorno de la letra con el marcador negro.

Construcción del templo en Jerusalén en *Las muy ricas horas*

(ALREDEDOR DEL AÑO 1416. TINTA; PINTADO EN PAPEL VITELA. MUSEO CONDÉ, EN CHANTILLY, FRANCIA)

Las ilustraciones en los libros iluminados se llaman **miniaturas**. Requieren un trabajo detallado con pinceles extremadamente pequeños y lentes para aumentar el tamaño de la página. *Las muy ricas horas* desapareció de la historia durante tres siglos y ahora es uno de los libros más valiosos del mundo.

Los libros se escribían a mano hasta que se usó la imprenta para publicar la Biblia de Gutenberg, en el año 1452. Debido a que muy pocas personas sabían leer, se necesitaban muy pocos libros.

Tanto las personas como el fondo de la escena están increíblemente detallados.

Los libros iluminados a menudo tardaban años en terminarse.

El libro está escrito en latín, un idioma antiguo.

El trabajo artístico está realizado en papel vitela, el cual está hecho de piel de ternera.

Jan van Eyck
1390 o 1395 a 1441

Los primeros años de la vida de Jan van Eyck son un misterio. Ni siquiera conocemos el año exacto de su nacimiento. Todo lo que sabemos es que nació en Bélgica y que su hermano mayor también era pintor. Ya siendo adulto fue contratado por el duque de Borgoña, Felipe el Bueno, quien era el gobernante más poderoso de la región. La mayoría de los artistas de esa época trabajaban **a comisión**, lo que significaba que se les pagaba una parte de su dinero por adelantado y el resto cuando terminaran su obra, pero el duque Felipe le pagó a Van Eyck el salario de un año completo. ¡En verdad le gustaba cómo pintaba Van Eyck!

Conoce tus herramientas para pintar

Así como un constructor necesita un martillo, un pintor necesita herramientas especiales para crear.

• Un **lienzo** es una tela rígida de algodón o lino estirada en un marco. Muchos artistas pintan en lienzos.

• Un lienzo a menudo se sostiene en un marco de madera llamado **caballete**, el cual hace más sencillo que un pintor pueda estar de pie y pintar.

• Los pintores componen los colores de sus pinturas en una tabla llamada **paleta**. Muchas paletas se sostienen colocando tu dedo pulgar a través de un hoyo en la paleta.

Los pintores tratan de colocar sus colores en los mismos puntos de la paleta en cada ocasión. De esta forma, si desean pintar con rojo, saben con exactitud donde mojar su pincel

• La pintura a menudo se coloca sobre el lienzo con un **pincel**. Los pinceles se elaboran con pelo duro o suave. En la época de Van Eyck, todo el pelo era natural y era frecuente que proviniera de martas, ardillas, cerdos y venados. En la actualidad, muchos pinceles tienen pelo elaborado en fábricas y se venden en muchas formas diferentes.

Caballete
Lienzo
Paleta

Lengua de gato
Abanico
Angular
Punta mop
Plano

Tipos de pinceles

Un tipo detallista

Van Eyck es conocido por todos los detalles en sus pinturas. Fue uno de los primeros artistas en dominar el uso de la **pintura de aceite**, lo que le permitía pintar de esta manera. Los pigmentos, que provienen de flores molidas, minerales y otros materiales naturales, le proporcionan a la pintura su color. Para preparar pintura de aceite, los pigmentos se revuelven con aceite de amapola o linaza. A diferencia de otras pinturas, la pintura de aceite puede ser mezclada sobre el lienzo. Se puede pintar en capas gruesas o diluida con aguarrás hasta ser casi transparente, es decir que se puede ver a través de ella. Van Eyck usaba muchas capas diluidas. Debido a que la pintura de aceite requiere mucho tiempo para secarse, Van Eyck tenía tiempo para agregar o cambiar detalles.

Pinta lo que ves

Van Eyck pintaba los objetos exactamente como los veía. Hacía parecer el interior de las casas y la textura y forma de los objetos cotidianos tan reales como fuese posible. Este estilo se denomina **Naturalismo**.

Vela ardiendo

Simboliza el ojo vigilante de Dios.

Espejo

Simboliza que el matrimonio es un contrato o un acuerdo entre las personas.

Manos unidas

Simboliza la unión de dos personas en matrimonio

Vestido abultado

Giovanna, con su vestido de color verde intenso, no está embarazada. En ese entonces, estaba muy de moda sostener tu vestido de esa manera.

Objetos costosos

(Ropas, muebles, alfombra y candelabro). Simbolizan la riqueza de la pareja. Las naranjas en el alféizar de las ventanas eran un lujo en el norte de Europa, ya que esta fruta tenía que traerse desde el sur.

Perro gracioso

Simboliza el amor terrenal y la lealtad. Observa cómo puedes ver cada pelo en el perro. Van Eyck utilizó muchos colores diferentes para el pelo.

El lema personal de Van Eyck era: ALS IXH XAN (tan bien como pueda).

El retrato de Giovanni Arnolfini y su esposa

(AÑO 1434. ÓLEO EN ROBLE. GALERÍA NACIONAL EN LONDRES, INGLATERRA)

Esta pintura al óleo tan detallada, es un **retrato** doble de un esposo y su esposa. Un retrato es una pintura o dibujo de una persona o personas. El hombre, Giovanni Arnolfini, fue un exitoso banquero italiano que vivió en Holanda, en la década de 1400. Su esposa, Giovanna Cenami, provenía de una familia italiana acaudalada. Este fue uno de los primeros retratos en mostrar detalles increíblemente vívidos.

Sandro Botticelli
Alrededor de 1445 a 1510

Sandro Botticelli nació en Florencia, Italia. Su nombre verdadero era Alessandro Filipepi. Su hermano mayor recibía el apodo de "Botticello", que significa "barrilito" en italiano, así que las personas lo llamaron "Botticelli". Cuando era un muchacho, se convirtió en **aprendiz** de un orfebre. Un aprendiz es una persona que trabaja para un artesano diestro con el propósito de aprender un oficio. Aprende mediante la observación y la práctica, no por asistir a la escuela. A los aprendices se les pagaba muy poco o nada. El orfebre le enseñó a Botticelli cómo pintar con líneas finas y delicadas.

Botticelli cambió de oficio y se dedicó a pintar; estableció un estudio propio cuando todavía era un adolescente. La familia Medici, quien gobernaba Florencia, se convirtió en su **mecenas**. Un mecenas era una persona rica, un rey o un importante líder religioso, quien le pagaba a un artista para realizar alguna obra de arte. El mecenas por lo general escogía el tema de la pintura, los materiales a utilizar y la fecha en que necesitaba que se finalizara la obra.

Artista del Renacimiento

Botticelli fue uno de los primeros artistas del **Renacimiento**. Renacimiento significa "renacer". El Renacimiento ocurrió entre los años 1350 y 1600 y se inició en Italia para luego extenderse al norte de Europa. Durante esta época, las personas se interesaron de nueva cuenta en el arte y la cultura. Deseaban llenar sus casas e iglesias con pinturas notables. Se volvieron curiosos acerca de la forma en que todo se llevaba a cabo. Los pintores del Renacimiento intentaron explorar el mundo y comprenderlo.

Belleza ideal

Para Botticelli todo era belleza. Quería que todos en sus pinturas se vieran hermosos. En el Renacimiento, el ideal de belleza estaba basado en los ejemplos clásicos del arte griego y romano —narices elegantes, pómulos salientes y mandíbulas bien

delineadas. Utilizaba su pincel como si fuese una pluma, para hacer claros contornos alrededor de la gente que pintaba.

Pintura de huevo

Botticelli usaba **pintura al temple o témpera**. La témpera se elabora con un pigmento de color mezclado con yema de huevo. La témpera se remonta a los antiguos egipcios. Debido a que se seca y endurece rápido, produce mejores resultados en superficies suaves, como tablas de madera o cartulina. La témpera proporciona un color más intenso que la pintura de aceite.

Contando la historia . . . o una diferente

Botticelli comparte el mito del jardín de Venus en su pintura. ¿Puedes ayudar al artista agregando globos de diálogo? ¿Qué dice Venus? ¿Y Cupido? ¿Y Céfiro? Intenta contar el mito verdadero... ¡o inventa uno divertido!

A Botticelli le encantaba jugar bromas prácticas. ¡En una ocasión, junto con sus asistentes, pegó sombreros de papel encima de una pintura de ángeles!

La primavera

(1487-1482. Témpera sobre tabla de madera. Galería Uffizi, en Florencia, Italia)

Esta pintura de ensueño muestra una escena de un famoso mito que ocurre en el jardín de Venus. Venus es la diosa romana del amor (Venus recibe el nombre de Afrodita en la mitología griega). En su jardín, siempre es primavera y el amor siempre es celebrado. *La primavera* no es una pintura acerca de un tema religioso, lo cual la hace diferente de las pinturas europeas anteriores al Renacimiento.

Cupido, el hijo travieso de Venus, vuela por arriba de todos con su arco y su flecha. Dispara su flecha y quema con sus llamas de amor, para hacer que una de las Tres Gracias se enamore. Se encuentra vendado para mostrar que el amor es ciego.

Céfiro, de rostro azulado, el frío viento occidental, se enamora de la ninfa Cloris. Cuando él la hechiza, el artista muestra su transformación en Flora, la diosa de las flores.

Mercurio, el mensajero de los dioses, usa sus botas aladas. Su varita mágica empuja las nubes para que se alejen, por lo que siempre hay sol en el jardín de Venus.

Las tres mujeres danzantes de blanco, son las **Tres Gracias,** quienes reparten la belleza por todo el mundo.

Venus, la diosa del amor y símbolo de la primavera, se encuentra en el centro. Las hojas oscuras a su alrededor la hacen resaltar. Tiene una apariencia maternal.

Leonardo da Vinci
1452-1519

Leonardo llevaba consigo a la Mona Lisa a cualquier lugar adonde viajara.

Leonardo da Vinci hizo prácticamente de todo, ¡y todo lo hizo sorprendentemente bien! Fue pintor, escultor, arquitecto, ingeniero, inventor y músico. Debido a sus diversos talentos, se le conoce como el máximo representante del "Hombre del Renacimiento".

Leonardo nació en el pueblo Vinci, en Italia, y se le dio el apellido "da Vinci", que significa "de Vinci". En esa época, era algo común que las personas adoptaran el nombre de sus poblaciones.

A Leonardo le encantaba dibujar. Fue aprendiz de un famoso pintor y escultor de Florencia. Mezclaba colores, limpiaba pinceles y preparaba las paredes o la madera para las pinturas. El joven Leonardo era tan talentoso que un día pintó un ángel con un aspecto muy realista. Su maestro, celoso, tiró su pincel y afirmó que nunca volvería a pintar otra vez (¡estaba mintiendo!). La realeza, los mecenas ricos e incluso el Papa, le solicitaron a Leonardo que pintara para ellos. Aceptó una gran cantidad de trabajo, pero se distraía con facilidad. A menudo no terminaba lo que había prometido.

Curioso acerca de todo

Leonardo tenía una sed insaciable de conocimiento. Estudió la naturaleza con detenimiento. Estaba fascinado por el funcionamiento interno de las máquinas. Por la noche, en secreto diseccionaba o separaba las partes de los cadáveres que conseguía en hospitales o prisiones para conocer la **anatomía** humana. La anatomía se refiere a cómo el cuerpo y sus órganos están estructurados. Utilizó todo este conocimiento para lograr que sus pinturas se vieran más realistas.

Cuadernos secretos

Leonardo llenó muchos cuadernos con casi 2 500 bosquejos, diagramas y notas. Un **bosquejo** es un dibujo realizado con rapidez. Todo lo que descubrió y cada nueva idea que tuvo fue registrado en sus cuadernos. Escribió todas sus notas hacia atrás, en "escritura de espejo", para que otros no pudieran leer sus secretos. La única forma de descifrar sus cuadernos era sostenerlos frente a un espejo.

¡Así es cómo se ve la escritura de espejo! Ahora tú inténtalo

Una mirada a sus inventos

Leonardo fue uno de los más grandes inventores y científicos de la historia. Sus ideas estuvieron años, e incluso siglos, adelantadas a su tiempo. Aquí hay algunos de los inventos que bosquejó en sus cuadernos:

- Tanque blindado
- Reloj con alarma operado con agua (tenía problemas para levantarse en las mañanas)
- Bicicleta
- Coche
- Paracaídas
- Submarino
- Aeronave de ala delta
- Helicóptero

Tanque Da Vinci   **Tanque moderno**

Helicóptero Da Vinci   **Helicóptero moderno**

La gente siente que los ojos te siguen, no importa donde estés parado

La *Mona Lisa*

(1503-1506. ÓLEO EN MADERA. MUSEO DEL LOUVRE, EN PARÍS, FRANCIA)

La *Mona Lisa* es la pintura más famosa en el mundo y también su sonrisa es la más popular. ¿Quién era ella? Su nombre completo era Madona Lisa di Antonio María Gherardini. Era la esposa de un acaudalado hombre de Florencia, quien contrató a Leonardo para pintar su retrato. Le tomó a Leonardo unos cuatro años finalizar la pintura, la cual en realidad tiene un tamaño muy pequeño.

Esta pintura es tan famosa que fue robada de una de las paredes del Museo del Louvre en 1911. Luego de que la policía llevara a cabo numerosas investigaciones, la pintura de la *Mona Lisa* fue hallada dos años después en Italia y el ladrón de arte fue arrestado.

Leonardo no delineaba el contorno de sus modelos. Su estudio de la naturaleza le permitió darse cuenta que las personas y los animales no tenían contornos delineados. Utilizó una técnica denominada **esfumado**, la cual proviene de la palabra en latín que significa "ahumar". Con el esfumado, no hay contornos rigurosos y un color se mezcla en otro en una forma suave y difusa. Observa cómo el paisaje de fondo parece desaparecer en la niebla. También mira cómo sus labios se mezclan en su piel.

¿Qué significa su misteriosa sonrisa? ¿Acaso está ocultando un secreto? ¿Es feliz? ¿O está triste? ¿Tú qué piensas?

La pintura obtuvo su nombre porque "mona" es una abreviatura para "madona", que significa "mi señora" en italiano.

Ella tuvo que sentarse completamente inmóvil durante muchas horas, día tras día. Leonardo tuvo que llevar payasos y músicos para entretenerla.

Leonardo le dio a la *Mona Lisa* una pose natural. Sus manos están especialmente relajadas

Cuando era niño, Alberto Durero estaba fascinado con la naturaleza y le encantaba hacer bosquejos de animales y plantas. Nació en Núremberg, Alemania, y fue el tercero de 18 hijos. Su padre era un orfebre y le enseñó a hacer **grabados**. Un grabado se realiza grabando un diseño en una placa de metal con una herramienta puntiaguda. A la placa se le pone tinta y luego la imagen se imprime en papel. El joven Alberto decidió que mejor sería un artista y a la edad de quince años fue el aprendiz de un artista famoso. Estudió pintura, tallado de madera y grabado. Ya siendo adulto, Durero llevó a cabo dos viajes a Italia. Durante el camino de ida y vuelta hizo bosquejos de todo lo que observó, desde el paisaje de las montañas de los Alpes hasta las mujeres en las calles de Venecia. Se sorprendió mucho cuando vio las pinturas de los artistas italianos del Renacimiento y comenzó a adoptar su estilo. Debido a que había nacido en Alemania, se le denominó un artista del **Renacimiento del norte**.

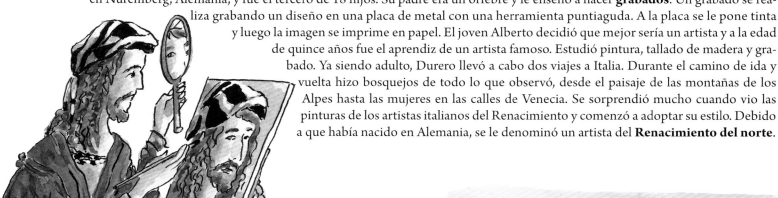

Pintando con acuarelas

A algunos artistas les gustan mucho las acuarelas porque piensan que el goteo y las rayas se ven hermosos. Otros artistas las odian porque una vez que pones la pintura en el papel, no se puede corregir. La acuarela se aplica en capas húmedas y delgadas llamadas **lavados**. La cantidad de agua que uses cambia qué tan oscuro o claro se ve el color. Con la acuarela puedes mezclar los colores y suavizar las líneas entre ellos, de manera que un color se desvanece en otro. Muchos artistas de la acuarela dejan áreas de su papel blanco sin tocar, de manera que la blancura del papel, y no la pintura, crea destellos de luz solar.

¡Mira, soy yo!
A la edad de 13 años, Durero fue uno de los primeros artistas conocidos en dibujar un **autorretrato**. Un autorretrato es un dibujo o una pintura que un artista hace de sí mismo al mirar su reflejo en un espejo. Durero pintó varios autorretratos a edades diferentes durante su vida, de forma similar a como te tomas fotos con tu grupo cada año escolar.

Únicamente agrega agua
Durero fue uno de los primeros artistas en pintar con **acuarela**. En la acuarela se mezcla un pigmento con agua. La pintura está diluida y el color es **translúcido**, lo que significa que el papel o lienzo se transparenta.

Liebre joven

(1502. ACUARELA Y *GOUACHE* EN PAPEL. MUSEO ALBERTINA, EN VIENA, AUSTRIA)

Durero fue el primer artista en pintar un animal solo. Esta pintura de una liebre, un animal similar a un conejo excepto por sus orejas y piernas más largas, está extremadamente detallada y parece casi como una ilustración científica o una fotografía. Pintar esta liebre requirió de mucha paciencia. La luz impacta a la liebre en el lado izquierdo y hace resaltar la oreja y el pelaje en ese lado. Sus ojos brillan con vida. *Liebre joven* continúa siendo uno de los más famosos retratos de animales en todo el mundo.

Durero elaboró el pelaje mediante el uso de pinceladas de acuarela de color marrón claro y oscuro. El pelo apunta en direcciones diferentes.

Los toques de luz blancos se hicieron en *gouache*, una acuarela más espesa que no es transparente.

Algunas personas dicen que Durero capturó una liebre en el campo y la mantuvo en una jaula en su taller para poder usarla como modelo. Otras dicen que utilizó una liebre disecada. ¿Tú qué piensas?

Aun cuando el título es *Liebre joven*, en realidad se trata de una libre adulta.

Durero firmó y fechó sus dibujos y pinturas con un logotipo que él mismo diseñó.

> Si la gente supiera cuán arduamente trabajé, no les parecería para nada tan maravilloso.

Miguel Ángel
1475-1564

Pocas personas son tan famosas como para ser nombradas solo por sus nombres. Miguel Ángel es una de ellas. Nació en Florencia, Italia, y su nombre completo era Michelangelo di Lodovico Buonarroti Simoni. Su madre enfermó cuando era muy joven y una familia de picapedreros se hizo cargo de él. Miguel Ángel creció durante el Renacimiento y supo que su vocación era ser un artista. Fue aprendiz tanto de pintor como de escultor y luego se mudó a Roma. Era un cristiano devoto y la mayoría de su arte fue religioso.

Recibiendo el crédito por sus obras

Miguel Ángel realizó su primera escultura incluso antes de cumplir los 25 años. Se llamó *La Piedad* y muestra a Jesucristo que yace muerto en el regazo de su madre. Miguel Ángel la esculpió de un solo bloque de mármol, mediante el uso de cinceles, martillos y piedras pómez. Antes de Miguel Ángel, las esculturas eran muy serias y sin emoción, pero en esta escultura puedes ver y sentir la tristeza de María.

La Piedad es la única obra de Miguel Ángel que firmó. La historia de esto es que, cuando entregaba él mismo la escultura, alcanzó a escuchar a algunos espectadores que decían que era demasiado joven para haber creado la obra. Miguel Ángel se enojó y esa noche regresó y cinceló su nombre en ella.

¡Atrapado!

El David, fue la siguiente escultura importante de Miguel Ángel. Tiene 5.18 metros de altura y fue tallada de un enorme bloque de mármol. Muestra al héroe bíblico David sosteniendo con bravura su honda antes de su batalla con Goliat. Miguel Ángel alguna vez dijo que la escultura estaba atrapada dentro del bloque de mármol y que su trabajo había sido dejarla salir.

Arte boca arriba

¡Experimenta lo que Miguel Ángel sintió mientras pintaba el techo de la Capilla Sixtina!

Necesitarás lo siguiente:
- Una hoja grande de papel blanco
- Cinta adhesiva
- Pinturas de acuarela
- Pincel
- Agua
- Una mesa baja

Tu Creación:

1. Que alguien te ayude a pegar el papel con la cinta adhesiva a la parte inferior de la mesa. Luego acuéstate de espaldas debajo de la mesa, mirando hacia el papel. Puedes colocar una almohada debajo de tu cabeza.

2. Moja el pincel en la pintura y que un ayudante te sostenga el recipiente con acuarelas junto a ti. Pinta lo que desees. ¿Cómo se siente tu brazo? ¿Está cansado? ¡Miguel Ángel pintó de esta manera durante cuatro años!

La Capilla Sixtina

(1508-1512. MURAL. EL PALACIO DEL VATICANO, EN ITALIA)

Además de crear esculturas, Miguel Ángel se entrenó como pintor tanto en óleo como en **mural**. Un mural es una técnica para pintar directamente en una pared o un techo. Se agregan polvos de pigmento de colores al yeso húmedo y el color se vuelve permanente cuando el yeso se seca. Los pintores deben de trabajar con gran rapidez.

En el año 1508, el papa Julio II le solicitó a Miguel Ángel que hiciera un mural en el enorme techo de la Capilla Sixtina en el Palacio del Vaticano, con escenas del Antiguo Testamento. Miguel Ángel no deseaba hacerlo. Le gustaba más hacer esculturas que pintar, pero debido a que fue el Papa quien se lo había solicitado no tuvo otra opción que aceptar. Al principio, Miguel Ángel se enojó con sus asistentes y despidió a la mayoría de ellos. Trabajó durante cuatro años en su obra maestra en el techo de la capilla y pintó más de 300 figuras. Ninguna de las 300 personas pintadas se parece a las otras.

Miguel Ángel pintó nueve historias del Antiguo Testamento en cuadros rectangulares que cubren toda la superficie del techo abovedado. Colocó la historia de Adán y Eva en su centro, con la famosa imagen de Dios estirando su mano para darle vida a Adán.

El enorme techo se encuentra a 20 metros del suelo. Miguel Ángel trabajó muy por encima del piso, acostado sobre su espalda en un andamio, el cual es una plataforma de madera elevada.

Utilizó un estilo llamado *trompe l'oeil*, que en francés significa "engaño al ojo". Esta técnica hace que los objetos parezcan tan reales que el artista engaña al espectador.

También pintó a los siete profetas y cinco sibilas a lo largo de los lados del techo, así como a los ancestros de Cristo en las secciones de forma triangular.

Pieter Brueghel
Alrededor de 1525-1569

Pieter Brueghel es otro pintor cuya vida tiene un poco de misterio. Nació en Holanda. Fue aprendiz de un pintor y de un editor en Antwerp, la cual era una ciudad de banqueros ricos, quienes deseaban tener sus casas repletas de arte. Realizó un viaje a Italia y en su camino de regreso a casa, quedó fascinado por las montañas de los Alpes y los bosques que las rodeaban.

Muy pronto, Brueghel comenzó a pintar **paisajes**. Un paisaje muestra el terreno que te rodea. Los pintores del Renacimiento pintaron retratos de personas de manera realista y natural. Brueghel pensó que el paisaje por sí solo podía ser el tema central de una pintura.

El campesino fingido

A Brueghel le gustaba pintar campesinos o granjeros en el campo, pero él no era un campesino. De hecho, era bastante rico y vivía en una gran ciudad. Con el fin de pintarlos, Brueghel, junto con uno de sus mecenas de la ciudad, se vistió con ropa de campesino y se fue al campo. Juntos husmearían en ferias y bodas, pretendiendo que eran invitados. Era tan bueno con sus disfraces que sus amigos lo llamaban "Campesino Brueghel". Brueghel estudió las apariencias y gestos de la gente del campo y luego hizo varios bosquejos. Después, regresaría a su estudio en la ciudad y pintaría las escenas que recordaba.

Su secreto

Brueghel tenía un secreto para su arte. Dibujaba todo lo que veía y desde todas direcciones. Así, si veía un pollo, hacía un bosquejo desde el frente, la espalda y cada costado. ¡Incluso hacía un bosquejo desde arriba! Cuando se encontraba en su estudio, colocaba en orden todos sus bosquejos y así podía pintar el objeto desde cualquier dirección que le resultara mejor.

Acomodando todo

Digamos que decides dibujar una pintura de un paisaje del patio de juegos de tu escuela, durante el recreo. ¿Dónde colocarías a las personas? ¿Y los aparatos de juegos? ¿Y la reja? Todo artista debe decidir cómo acomodar en su papel o lienzo los colores, figuras y formas. A esto se le denomina **composición**. Si deseas que tu pintura se vea realista, necesitas dibujar en **proporción**. Esto significa que debes dibujar una ardilla mucho más pequeña que una persona, desde luego, ¡a menos que sea una ardilla monstruo, mutante!

La cosecha

(1565. ÓLEO EN MADERA. MUSEO METROPOLITANO DE ARTE, EN NUEVA YORK)

La cosecha es parte de una serie de pinturas que muestran las diferentes estaciones del año. Una serie son varias pinturas sobre el mismo tema. La serie de Brueghel, la cual pensamos tenía seis pinturas en total, fue llamada *Los meses del año.* Cada pintura detallada celebra una estación diferente. ¿Puedes adivinar qué estación y qué meses están pintados en *La cosecha*?

Hombres y mujeres trabajan muy arduamente en la cosecha de trigo dorado. Esto se muestra por sus movimientos, no por sus expresiones en sus rostros.

Brueghel pintó la escena como una "vista de pájaro", como si estuviese observando todo desde arriba.

El grupo de campesinos que descansa y come sus alimentos del mediodía, abajo a la derecha, equilibra la vista del poblado que se encuentra arriba a la izquierda. La dirección diagonal del grano divide las dos escenas, lo que proporciona equilibrio a la pintura y la vuelve agradable de contemplar.

Puedes sentir el calor del verano a través del uso de pintura de color amarillo cálido y verde intenso.

Es conocido como Pieter Brueghel, el Viejo, debido a que su hijo, quien igual se llamaba Pieter, también era un artista famoso.

Brueghel estaba interesado en lo diferente que se observaba la tierra de un mes al siguiente. Pensaba que el cambio de estaciones contaba la historia de las personas y sus vidas. ¿Cómo cambia tu calle y las personas en ella en verano, otoño, invierno y primavera?

Diego Velázquez
1599-1660

Diego Velázquez, un pintor de la realeza, nació en Sevilla, España. A la edad de 12 años, era aprendiz del mejor pintor de la ciudad. A temprana edad demostró que podía pintar personas increíblemente bien. En ese entonces, el estilo de moda eran las pinturas religiosas, pero Velázquez deseaba pintar retratos. Estableció su taller y a la edad de 21 años ya tenía su propio aprendiz.

Un día, fue invitado a Madrid a realizar un retrato del recién coronado rey Felipe IV. El joven rey quedó muy impresionado con su retrato y declaró que Velázquez sería el único pintor autorizado en la corte a pintar su retrato. El rey y Velázquez se volvieron buenos amigos, lo cual era algo inusual. El rey incluso tenía una silla especial colocada en el estudio del artista para poder sentarse y observar a su amigo mientras pintaba.

Arte español

El siglo XVII fue llamado la "Era Dorada" de la pintura española. Los artistas españoles fueron influenciados por el arte italiano. En esta época, España era líder en la exploración del Nuevo Mundo y el Lejano Oriente y se había convertido en un país muy rico. El pueblo de España comenzó a gastar su nueva riqueza en el arte.

Pintor barroco

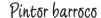

Velázquez pintó en un estilo denominado **barroco**, el cual se desarrolló en el periodo comprendido entre el año 1600 y 1750. Una pintura barroca es muy elaborada, con muchos detalles y colores vivos. Velázquez usó este estilo dramático para lograr que las personas en sus pinturas se vieran hermosas y grandiosas.

¡Sonríe!

Es un día importante, como tu cumpleaños, y toda tu familia se ha reunido. Quieres recordar este día especial, ¿entonces qué haces? Es probable que saques una cámara y tomes una foto. Eso ocurre hoy en día, pero la fotografía fue inventada hasta mediados de la década de 1800. Antes de esa fecha, tenías que contratar a un pintor para que te hiciera un retrato pintado.

Las meninas

(ALREDEDOR DE 1656. ÓLEO EN LIENZO. MUSEO DEL PRADO, EN MADRID, ESPAÑA)

Esta enorme pintura nos hace reflexionar. El título significa "Las damas de honor". La hija de cinco años del rey, la princesa Margarita, se encuentra en el centro. Sus damas de honor la rodean. ¿Pero es en realidad solo el retrato de una niña? ¿Por qué únicamente sus damas la miran a ella mientras todos los demás miran a la distancia? Observa con mayor detalle. ¡La escena es mucho más complicada!

Esta es una pintura acerca de pintar retratos. Primero tenemos a la princesa Margarita y sus damas de honor. Ahora observemos a la izquierda. Ese es un autorretrato de Velázquez, el artista, que pinta en un lienzo grande. ¡Espera! ¿A quién está pintando, pues él está parado *detrás* de la niña? Observa el espejo ubicado en la parte trasera de la habitación. Reflejados en este están el rey y la reina. ¿Acaso son ellos los sujetos que posan para el retrato del pintor? La princesa también parece estar mirando al rey y la reina.

Velázquez tiene la cruz roja de los Caballeros de la Orden de Santiago en su vestimenta. El rey era el único que podía convertir a alguien en caballero. Cuando esta pintura se terminó, Velázquez todavía no había obtenido tal honor, así que se tuvo que regresar la pintura y pintarle la cruz.

En el fondo, podemos ver a una monja y un sacerdote que platican. Ellos podrían simbolizar cuánta importancia tenía la Iglesia para la vida de la realeza.

Si los reyes y reinas no podían asistir a un evento, ¡en su lugar enviaban sus retratos!

Las personas en el lado derecho son los bufones de la corte, quienes proporcionaban entretenimiento a las familias reales. Los enanos se empleaban con frecuencia como bufones de la corte. Uno de los bufones coloca juguetonamente un pie encima de un gran perro medio dormido.

El rey y la reina deben estar parados donde nosotros, los espectadores, estamos observando. Esto nos hace sentir como si fuésemos parte del grupo.

Rembrandt van Rijn
1606-1669

Rembrandt es otro pintor de un solo nombre y es famoso por su uso dramático de **la luz y la sombra**. Rembrandt fue hijo de un rico molinero en Holanda y decidió abandonar la escuela cuando tenía quince años para estudiar arte como un aprendiz. Estableció su estudio propio a la edad de 19 años. Durante los siguientes 20 años, fue el pintor de retratos preferido de las familias más acaudaladas de Ámsterdam. Fue uno de los primeros pintores no solo en trabajar para mecenas, sino en vender también sus obras a personas "comunes".

Imitaciones

Rembrandt tuvo un taller de pintura muy exitoso, con casi 50 asistentes jóvenes que trabajaban para él y copiaban su estilo. Con frecuencia firmaba las pinturas de ellos como si fuesen suyas. Algunos historiadores de arte han tenido problemas para decir qué pinturas fueron pintadas completamente por él.

¡Debe haber un mono en mi pintura!

Rembrandt sufrió muchas tragedias personales. Su esposa falleció después de solo ocho años de matrimonio y tres de sus hijos murieron mientras todavía eran bebés. En medio de su dolor, gastaba más dinero del que tenía. Era muy testarudo y mientras su fortuna disminuía, su terquedad aumentaba. En una ocasión, se rehusó a quitar un mono que había pintado en el retrato de una familia. La familia argumentó que ellos ni siquiera tenían un mono. Rembrandt insistió en que el mono se quedaría. La familia no aceptó la pintura y no le pagó. Él decidió que prefería pasar hambre que modificar su pintura.

Luz y oscuridad

Cuando un artista pinta un objeto en colores luminosos y lo rodea con colores oscuros se llama **contraste**. El contraste hace que el objeto resalte o "sobresalga". Para agregarle un mayor drama, Rembrandt a menudo colocaba un área extremadamente luminosa junto a un área con sombras muy oscuras. Este intenso efecto de luz y oscuridad se denomina **claroscuro**.

Los rostros muestran la emoción ante el descubrimiento científico. Se miran luminosos en comparación con el fondo oscuro. El contraste entre la luz y la oscuridad nos permite sentir la tensión en la sala de operaciones y atrae nuestra mirada hacia el rostro del cirujano en jefe, no a sus manos.

La lección de anatomía del doctor Nicolaes Tulp

(1632. ÓLEO EN LIENZO. GALERÍA MAURITSHUIS ROYAL PICTURE, EN LA HAYA, HOLANDA)

Rembrandt fue conocido por sus vívidos retratos de grupos. En este, el doctor Tulp lleva a cabo la disección de un cadáver mientras otros siete doctores observan. En ese entonces, las personas pagaban para observar las disecciones en un teatro de operaciones, en forma muy similar a como nosotros vamos a ver películas en la actualidad. Las disecciones se realizaban únicamente en el invierno, cuando el teatro se mantenía muy frío, de manera que los cadáveres no se descompusieran con rapidez. Con esta pintura, Rembrandt deseaba captar el drama del suceso.

Rembrandt hizo girar la cabeza de cada hombre en una dirección diferente para hacer más interesante la composición. También acomodó a los hombres en una forma piramidal.

El hombre muerto es un criminal conocido como el Niño.

Rembrandt le agregó color rosa a la piel del doctor Tulp para hacerlo contrastar con el cadáver pálido.

En las sombras

Si un artista desea concentrarse únicamente en la figura de una persona, deberá pintar una silueta. Una silueta es una figura oscura enfrente de una luz de fondo, como si la persona estuviese parada enfrente de una luz. Tú puedes hacer tu silueta.

Necesitarás lo siguiente:
- Un papel blanco y grande para dibujar
- Una cartulina de color negro
- Cinta adhesiva
- Lápiz adhesivo
- Tijeras
- Un lápiz
- Una lámpara
- Una silla

Tu creación:

1. Pega con la cinta el papel blanco a la pared. Coloca la silla al lado del papel. El papel deberá estar a la misma altura que la silla. Oscurece la habitación por completo y enciende la lámpara en dirección a la silla.

2. Pide a un amigo o familiar que se siente en la silla mirando hacia un lado. Su **perfil** aparecerá en una sombra en el papel blanco. Acomoda la lámpara para obtener la sombra más definida que sea posible.

3. Utilizando un lápiz, traza con cuidado el contorno de la cabeza de la persona, el cuello y los hombros sobre el papel blanco. Asegúrate de que la persona esté sentada sin moverse para nada.

4. Quita el papel blanco de la pared. Pega con un poco de pegamento el papel blanco al papel negro, con el contorno hacia arriba.

5. Corta el contorno con cuidado. Quita el papel blanco y pega la silueta negra a una nueva pieza de papel blanco o de colores.

Jan Vermeer
1632-1675

Muy poco se conoce sobre el pintor holandés Jan Vermeer. Únicamente existen 35 obras reconocidas de él. Nació en Delft, Holanda. Su padre fue un tejedor de seda, comerciante de arte y propietario de una taberna. Cuando tenía 20 años de edad, su padre falleció y tuvo que hacerse cargo de la taberna y del negocio de arte. No se sabe si Vermeer aprendió a pintar como aprendiz o si lo hizo por su cuenta.

Hogar dulce hogar

En los inicios del siglo XVII, los holandeses ganaban mucho dinero de las islas de las Especias, que le habían arrebatado a Indonesia. Las familias holandesas acaudaladas deseaban tener pinturas que mostraran su vida diaria y los paisajes a su alrededor. Vermeer pintaba exactamente este tipo de situaciones. Es famoso por sus escenas del interior de una casa. Todas sus obras tienen un sentido de tranquilidad y quietud.

Combinación de colores

Vermeer también es famoso por la forma en que mezclaba los colores. Una de sus combinaciones favoritas era: amarillo, azul y gris. ¿Tienes una combinación de colores favorita?

¡Impostor!

Un **falsificador** es alguien que copia el estilo de un pintor y firma falsamente el nombre del artista en una pintura. Después, vende esa pintura por una gran cantidad de dinero pretendiendo que es una obra original. En la década de 1930, un artista holandés de nombre Han Van Meegeren falsificó varias obras de Vermeer y las vendió por millones de dólares. Muchos historiadores de arte importantes pensaron que las pinturas eran verdaderos Vermeers y fueron engañados. Van Meegeren había inventado una técnica para hacer que la pintura pareciera antigua. Fue arrestado en 1945, pero solo pasó un año en la cárcel.

Vermeer fue llamado el "pequeño maestro" porque pintó cuadros lo suficientemente pequeños para colgarse en una casa.

La joven de la perla

(ALREDEDOR DE 1665. ÓLEO SOBRE LIENZO. GALERÍA
MAURITSHUIS ROYAL PICTURE, EN LA HAYA, HOLANDA)

Este retrato en ocasiones es llamado la "Mona lisa holandesa". Nadie sabe quién es esta joven. Parece ser una plebeya, pero su arete de perla es enorme y costoso. Con sus ojos grandes nos mira directamente por encima de su hombro y parece a punto de decirnos algo.

El fondo negro hace que la joven resalte frente a nosotros. El fondo era originalmente verde grisáceo, pero se ennegreció con el tiempo.

Vermeer pintó varias capas delgadas de pintura, una encima de la otra, dejando que las capas del fondo brillaran. Mezcló sus pinceladas hasta que fueron casi invisibles.

El tono de azul brillante en su turbante de seda es llamado "azul Vermeer". Vermeer mezclaba sus colores con base en sus propias fórmulas y sus pigmentos eran muy intensos. Elaborar este azul ultramarino fue muy costoso. Tuvo que pulverizar una piedra semipreciosa proveniente de Afganistán llamada lapislázuli.

El turbante que usa la joven es exótico para Holanda. A los artistas en esta época les agradaba pintar turbantes porque los dobleces y la tela fina podían mostrar su destreza para pintar.

Hablemos acerca del color

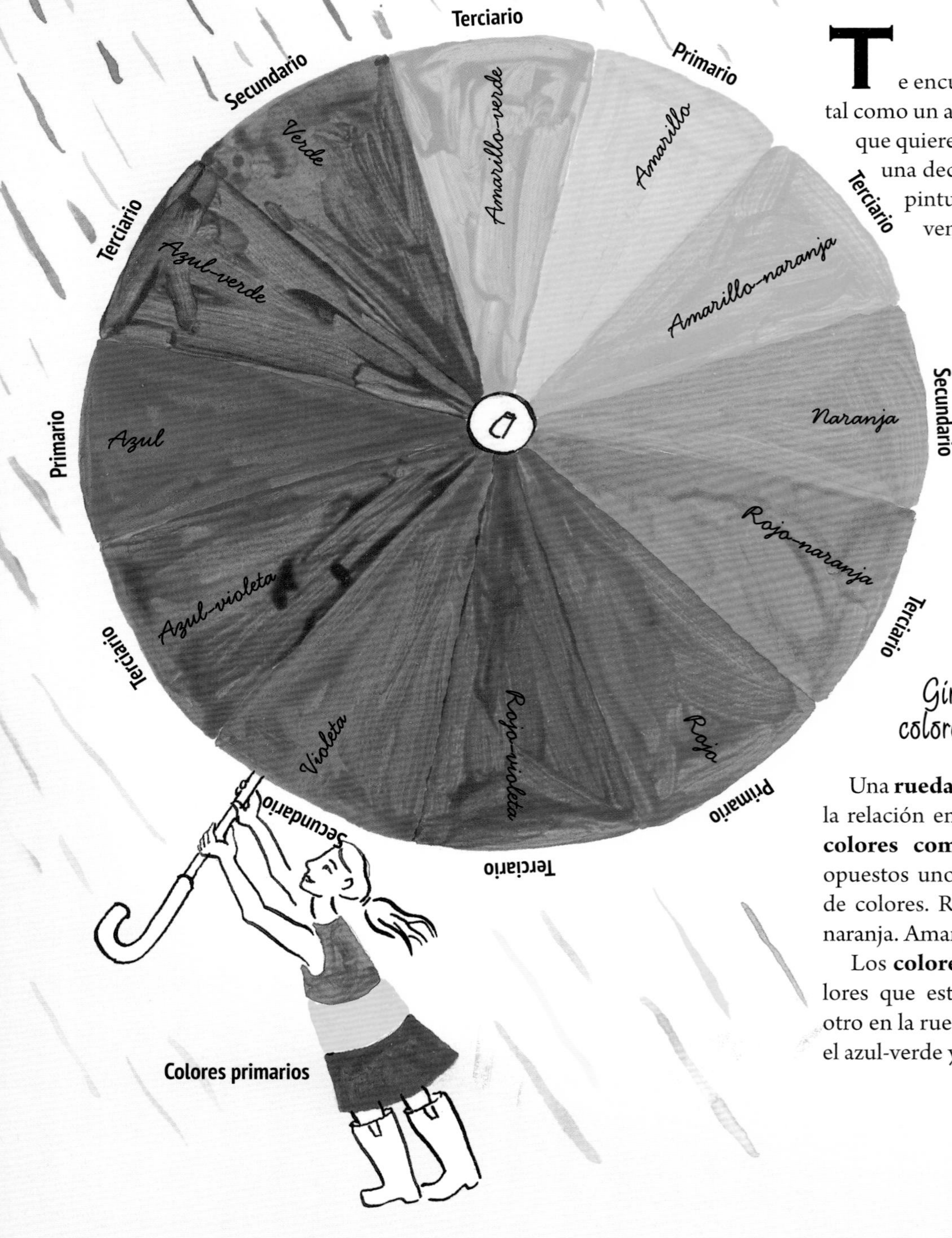

Terciario
Primario
Secundario
Verde
Amarillo-verde
Amarillo
Terciario
Azul-verde
Terciario
Amarillo-naranja
Primario
Azul
Naranja
Secundario
Azul-violeta
Rojo-naranja
Terciario
Terciario
Violeta
Rojo-violeta
Roja
Secundario
Primario
Terciario

Colores primarios

Te encuentras de pie frente a una pieza de papel en blanco, tal como un artista famoso se para enfrente de su lienzo. Sabes lo que quieres pintar. ¿Pero qué colores deberías utilizar? Esta es una decisión muy importante. El color le proporciona a la pintura un estado de ánimo y cambia la forma en que vemos diferentes objetos y escenas.

Fórmulas de colores

El rojo, azul y amarillo son los **tres colores primarios**. Los colores primarios no pueden ser creados de otros colores. Pero pueden mezclarse para crear todos los otros colores del arcoíris.

Los **colores secundarios** son los tres colores que puedes obtener cuando mezclas un color primario con otro color primario.

Los **colores terciarios**, o el tercer grupo de colores, son los seis colores formados al mezclar un color primario y un color secundario.

Gira la rueda de colores

Una **rueda de colores** muestra la relación entre los colores. Los **colores complementarios** son opuestos uno a otro en la rueda de colores. Rojo y verde. Azul y naranja. Amarillo y violeta.

Los **colores análogos** son colores que están uno al lado del otro en la rueda de colores, como el azul-verde y el azul.

¿Qué ocurre si mezclas los colores complementarios? Obtienes el color marrón

Los **tintes** son colores a los que se les agrega blanco para hacerlos más luminosos. Mezcla el blanco con el púrpura y obtienes el color lavanda. Une el blanco con el rojo y obtienes el rosa.

Los **tonos** son colores mezclados con negro. El negro vuelve un color más oscuro. Agrega negro al verde y obtienes el verde bosque. Añade negro al azul y obtienes el azul marino.

Los **colores monocromáticos** son todos los colores de una familia, mezclados solo con blanco o negro. Por ejemplo, rosa, rojo y bermellón son monocromáticos.

Colores monocromáticos

Tintes

Tonos

Temperatura del color

El rojo, amarillo y naranja son llamados **colores cálidos**. Estos colores luminosos dan a una pintura la sensación de calor. Los colores cálidos hacen parecer más cerca los objetos en una pintura.

Los colores con azul agregado son llamados **colores fríos**. El azul, verde y púrpura son colores fríos. Los colores fríos hacen parecer más lejos los objetos en una pintura.

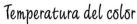

Colores cálidos

Colores fríos

Colores complementarios

Colores tierra

¿Sabías que el negro, blanco y gris no son considerados colores verdaderos? Son llamados **colores neutrales**. Los colores que se asemejan a la tierra, marrones, bronceados, grises cálidos y amarillos, son llamados **colores tierra**.

Francisco de Goya
1746-1828

Francisco de Goya nació en un pequeño pueblo al norte de España. Su padre fue un **dorador** y enseñó a su hijo a pintar. Un dorador aplica capas delgadas de oro a las pinturas, estatuas, muebles y retablos de iglesias. A la edad de 14 años, Goya se convirtió en el aprendiz de un reconocido pintor. A Goya no le gustaba seguir reglas, así que no congeniaban muy bien. Se mudó a Madrid y se casó con la hermana del pintor de la corte del rey de España. Entonces se convirtió en su asistente. Goya ascendió de categoría y finalmente se convirtió en el principal pintor de la corte durante tres generaciones de reyes.

El siguiente, por favor

Durante cierto tiempo, Goya fue reconocido como el pintor retratista más importante de España. Los miembros de la familia real deseaban que sus retratos fuesen pintados por Goya. Este se inspiró en el realismo del arte de Velázquez, del cual todavía colgaban sus pinturas en las paredes del palacio.

Romanticismo

Goya fue un artista **romántico**. El arte romántico resaltaba los sentimientos y mostraba emociones fuertes. Goya utilizaba pinceladas más suaves.

Cuando el mundo se quedó en silencio...

A la edad de 46 años, Goya padeció una enfermedad terrible. Como resultado, se quedó sordo. Al no poder volver a oír, Goya siempre estaba de mal humor. Sus pinturas se volvieron más oscuras en color y en tema. Utilizó una gran cantidad de pintura negra y dibujó monstruos y esqueletos. Los retratos que pintó para el rey se volvieron oscuros y severos. Naturalmente, el rey ya no estaba contento y dejó de emplear a Goya para sus pinturas.

En blanco y negro

Pintar con los colores neutrales, negro, blanco y gris, crea un estado de ánimo de seriedad. Trata de pintar un cuadro usando solo estos colores. Pinta una escena, como un bosque, tu patio trasero o tu calle. Cuando la pintura se seque, puedes agregar unas pinceladas de color para darle énfasis, como un ave roja, una flor amarilla o una bicicleta naranja.

Cuando Goya perdió el sentido del oído, únicamente pudo escuchar un zumbido muy agudo por el resto de su vida. ¡Ahora puedes comprender el motivo de que fuese tan gruñón!

El tres de mayo de 1808 en Madrid

(1814. ÓLEO EN LIENZO. MUSEO DEL PRADO, EN MADRID, ESPAÑA)

El ejército de Napoleón, gobernante de Francia, invadió con brutalidad España, el país de Goya. El 2 de mayo de 1808, el pueblo de España se rebeló y se levantó en armas solamente con cuchillos y palos. La noche siguiente, los soldados de Napoleón rodearon a los rebeldes y a muchos curiosos inocentes. Los formaron ante un escuadrón de fusilamiento y les dispararon. Seis años más tarde, después de que el rey español regresara al poder, Goya dejó grabado el crudo horror de esa noche. En el pasado, las pinturas sobre la guerra habían celebrado principalmente las victorias. Goya deseó mostrar la violencia sin sentido de la guerra. En esta pintura, convirtió a las víctimas en los héroes. Cuando se le preguntó por qué había pintado este cuadro, Goya dijo: "Para advertirles a los hombres que nunca vuelvan a hacer esto".

La composición está formada por líneas diagonales —la línea de la colina, la línea del escuadrón de fusilamiento y los brazos del hombre en forma de "V".

Los hombres oran y lloran. Puedes ver el temor en sus rostros.

Los cadáveres de los hombres a los que ya se les ha disparado, yacen en el suelo. Goya quiso que las personas viesen lo sangrientos que habían sido estos asesinatos. Los brazos de un hombre muerto se encuentran en la misma posición que los brazos del hombre con camisa blanca.

Un cielo negro acecha sobre la escena y se agrega a su tono sombrío.

Goya no mostró los rostros de los hombres en el escuadrón de fusilamiento. Con sus uniformes militares, representan la maldad sin rostro.

La iluminación proviene de una enorme linterna, como si un reflector lanzara su luz sobre una escena secreta.

El hombre al centro es un símbolo de todas las otras víctimas. Está vestido con ropas de color amarillo y un blanco puro. Sus brazos se alzan en actitud de rendirse. Puedes ver el miedo y la desesperación en sus ojos muy abiertos. Su ropa brillante resalta en la oscuridad del fondo.

Katsushika Hokusai
1760–1849

Tarjeta impresa con planchas de madera

Necesitarás lo siguiente:
- Una bandeja de poliestireno para carne (pídele al carnicero una limpia) o un plato de poliestireno.
- Pintura acrílica (de cualquier color)
- Brocha de hule espuma de poliestireno
- Un bolígrafo
- Unas tijeras
- Papel blanco de 8 ½ X 11 pulgadas, doblado por la mitad para formar una tarjeta.

Tu creación:

1. Corta la bandeja de poliestireno en un cuadro o rectángulo.

2. Usa la punta de un bolígrafo para grabar una imagen o un diseño con espirales, puntos y líneas en el poliestireno. Recuerda, tu dibujo se imprimirá como una imagen de espejo.

3. Usando tu brocha de espuma de poliestireno, cubre con cuidado toda la superficie de la bandeja de poliestireno con una capa de pintura. No presiones la pintura en las marcas que haya hecho tu pluma; quieres que estas áreas impriman en blanco.

4. Dale la vuelta al poliestireno y presiónalo con firmeza a la parte exterior de tu papel blanco doblado. Quítalo rápidamente y ve tu impresión. Quizá tengas que intentarlo algunas veces para conseguir la cantidad de pintura correcta.

Katsushika Hokusai fue uno de los más importantes artistas japoneses de la antigüedad. Fue especialmente famoso por sus paisajes. Nació en la ciudad de Edo (ahora Tokio), en Japón, y se inició en el arte como aprendiz de un impresor. El impresor lo despidió de su taller porque, en lugar de hacer exactamente lo que el hombre le decía, a Hokusai le gustaba experimentar e intentar técnicas nuevas.

Impresiones con planchas de madera

Hokusai era famoso por sus **impresiones con planchas de madera**. Dibujaba una imagen en un papel muy delgado y luego calcaba el dibujo en una plancha de madera. Después, tallaba la madera alrededor de las líneas para que la imagen que había dibujado quedara levantada de la superficie de la plancha. A continuación, cubría las áreas elevadas con tinta y luego presionaba un trozo de papel. La impresión resultaba como una imagen de espejo.

Usaba una plancha diferente para cada color. En ocasiones, utilizaba hasta 12 planchas para una pintura. Las impresiones de Hokusai fueron tan populares, que las planchas empleadas para hacerlas se agotaron. Durante su vida, terminó más de 30 000 obras de arte.

Celebración de la naturaleza

Hokusai era un experto del **ukiyo-e**, que en japonés significa "pinturas del mundo flotante". Los pintores del ukiyo-e esperaban celebrar la frágil belleza del mundo natural.

Hokusai nunca limpió su estudio. Cuando el lugar estaba demasiado sucio para poder trabajar, ¡se mudaba a otro sitio en lugar de limpiarlo!

El estampado de caracteres japoneses en la esquina es la forma en que Hokusai firmaba sus obras.

El monte Fuji, cubierto de nieve, está enmarcado por la curva espumosa de la ola.

En este momento peligroso, el artista captura el movimiento de la ola, parecida a una garra, que está por aplastar a los indefensos pescadores.

Una ola más pequeña tiene la misma forma que el monte Fuji.

Hokusai empleó tinta de color azul marino sobre papel blanco.

La gran ola de Kanagawa

(1830-1832. Tinta y color sobre papel. Museo Metropolitano de Arte, en Nueva York; el Instituto de Arte de Chicago, en Illinois y el Museo Británico, en Londres, Inglaterra)

Esta impresión es una de una serie titulada *Treinta y seis vistas del monte Fuji*. El monte Fuji es la montaña más alta de Japón. Es un símbolo sagrado de ese país y tiene muchos significados diferentes, incluyendo el de "vida eterna". En esta pintura, una ola gigantesca está a punto de estrellarse contra tres botes diminutos repletos de pescadores. Las olas se ven amenazantes, pero al fondo la montaña se mira silenciosa e inmóvil. Hokusai nos muestra la fuerza de la naturaleza.

Mi nombres es . . .

En la época de Hokusai, no era algo inusual en Japón cambiarse de nombre, en ocasiones más de una vez. ¡Hokusai cambió su nombre más de 30 veces! Hokusai, el nombre que mantuvo por más tiempo, significa: "Estrella de la constelación del norte".

Es hora de que comience el espectáculo

A Hokusai le agradaba tener espectadores. Así que realizaba demostraciones en público donde pintaba colgado boca arriba o con el pincel entre sus dedos de los pies o en su boca. En una ocasión pintó dos gorriones en un pequeño grano de arroz. En otra ocasión hizo una pintura tan enorme, ¡que las personas tenían que pararse en sus techos para poder verla!

Édouard Manet
1832-1883

Édouard Manet fue uno de los pintores más importantes del siglo XIX. Nació en París, Francia, en una familia acaudalada y bien educada. Su padre quería que fuese abogado, pero Manet se rehusó. Así que su padre lo obligó a alistarse en la marina. Manet era un terrible marinero y pasaba la mayor parte del tiempo haciendo dibujos de sus compañeros en el barco. Cuando regresó, después de un año en el mar, le suplicó a su padre que le permitiera ser pintor. Estudió durante seis años con un famoso pintor en París y también viajó a Italia, Alemania y Holanda, para observar las grandes pinturas. Pasó sus días en museos, mientras copiaba las pinturas de los antiguos maestros una y otra vez, el cual era un método de aprendizaje muy popular en ese tiempo.

Manteniendo todo real

Regresó a París y adoptó el realismo como el tema central de su arte. En el siglo XIX, el mundo se volvía cada vez más industrializado. Las ciudades crecían. Los artistas deseaban pintar escenas de la vida ordinaria. Manet a menudo escogía sus modelos en las calles, los pintaba con sus ropas cotidianas y llevando a cabo las actividades que hacían normalmente.

Las personas quedaban afectadas por el realismo en sus pinturas. Pensaban que sus colores eran demasiado intensos y que algunos de sus modelos eran feos. Manet intentó exhibir sus obras con los maestros parisinos, pero ellos lo rechazaron y criticaron su forma moderna de pintar.

Famoso demasiado tarde

Manet estaba enojado porque nadie apreciaba su arte, pero continuó pintando. En la actualidad, se le reconoce por haber contribuido a abrirle camino a un nuevo estilo de pintura llamado impresionismo, al superar las formas del pasado con las modernas (más adelante conoceremos otros detalles del impresionismo). Hacia el final de su vida, su arte fue incluido en las exposiciones y la gente finalmente se dio cuenta de su talento. En su funeral, el pintor Edgar Degas dijo de Manet: "Era más grande de lo que pensamos".

Existe un relato de cuando Manet estaba en la marina: el capitán del barco sabía que era un buen pintor y le pidió que le diera un "retoque" a los alimentos para que no parecieran tan podridos y descompuestos.

El pífano

(1866. ÓLEO SOBRE LIENZO. MUSEO DE ORSAY, EN PARÍS, FRANCIA)

Manet pintó este retrato después de ver los retratos hechos por Velázquez colgados en el Museo del Prado, en una visita a España. Manet escogió a un muchacho sin nombre que tocaba el pífano o flautín en una banda militar y pintó a este chico normal como si fuese de la realeza. Utilizó pinceladas de color llamativas y áreas de color planas. Esta imagen directa y sencilla es una de las primeras obras del arte moderno.

Un pífano es un instrumento similar al flautín.

¿Qué hay en el fondo? Nada. Esto en esa época era muy impactante.

Debido a que no hay fondo, resaltan el rojo vivo y el negro sólido del uniforme del chico.

Esta pintura fue criticada por ser demasiado simple y fue rechazada en las exposiciones de arte de París.

No hay sombras, lo cual le proporciona a la pintura la misma superficie plana que se encuentra en las fotografías.

Pinta con los cinco sentidos

Los pintores usan los cinco sentidos, vista, oído, gusto, tacto y olfato, para contar una historia o mostrar emociones. ¿Por qué no lo intentas también?

Gusto: Toma asiento en una mesa con un papel y un lápiz. Ata una venda sobre tus ojos. Haz que alguien coloque un plato de alimentos diferentes enfrente tuyo (intenta con un limón, una galleta o un trozo de queso). Conforme muerdes cada alimento intenta dibujar lo que probaste.

Olfato: Ahora haz lo mismo, pero esta vez, lleva el alimento a tu nariz e inhala. Dibuja lo que oliste.

Tacto: Haz lo mismo de nuevo, pero en esta ocasión, toca los alimentos. Dibuja lo que sentiste.

Vista: Quítate la venda de los ojos y dibuja lo que ves en el plato frente a ti.

Sonido: Mantén tu venda colocada. Escucha los sonidos a tu alrededor y dibuja lo que oyes.

Winslow Homer
1836-1910

Winslow Homer pintó el mundo tal como lo vio, desde el horror de la guerra hasta la belleza y el poder del océano. Nació en Boston, Massachusetts, y su padre vendía herramientas. Su madre era una artista talentosa que pintaba acuarelas de flores, aves y mariposas. Ella fue su primera maestra de arte. El primer empleo de Homer fue como impresor en Boston. Odiaba tener que obedecer a un jefe y se prometió que, desde ese momento, sería su propio jefe.

Homer se mudó a la ciudad de Nueva York para hacer ilustraciones para la revista más importante de la ciudad, llamada *Harper's Weekly*. No mucho tiempo después de que se mudó comenzó la Guerra Civil estadunidense, y la revista lo envió a Virginia a dibujar todo lo que veía en los campos de batalla. Su arte en ese entonces era lo que ahora ves que llevan a cabo los fotoperiodistas. Los dibujos de Homer eran más intelectuales que sangrientos y mostraban a los soldados en sus campamentos o como prisioneros de guerra. Gracias a su arte sobre la Guerra Civil, Homer se volvió famoso.

Sintiéndose en casa en la naturaleza

Homer era un pintor **realista**. Siempre quería mostrar en su arte la relación verdadera entre las personas y la naturaleza. Cuando era niño, Homer había disfrutado jugando en la naturaleza y ahora disfrutaba pintándola. Se mudó a Maine y se enamoró del mar.

Es más conocido por sus **paisajes marinos**. Un paisaje marino es una pintura donde el mar es el tema principal. Con pinceladas enérgicas y rápidas, Homer pintó el poder del mar, el romper de las olas, las salpicaduras del agua salada y la fuerza del viento.

Siempre preparado para pintar

A la edad de 37 años, Homer comenzó a utilizar acuarelas. Pintar con acuarelas requiere que un artista trabaje más rápido que con pintura de aceite y es necesaria cierta destreza, que Homer había dominado. Llevaba consigo sus acuarelas a todas partes, de manera que pudiese disponer rápidamente de sus instrumentos y pintar cada vez que descubría una gran escena.

A Homer le gustaba estar solo, así que su estudio en Maine se encontraba en un risco remoto desde donde se contemplaba el océano.

El viento se levanta (Un buen viento)

(1873-1876. ÓLEO SOBRE LIENZO. GALERÍA NACIONAL DE ARTE, EN WASHINGTON, D.C.)

Esta famosa pintura muestra a un padre y sus tres hijos en el mar, en un pequeño bote de vela. El viento llena la vela en este día de verano. Homer nos hace sentir el movimiento del bote, como si nosotros también estuviésemos sentados en él. Las olas están agitadas pero los marineros están relajados. La pintura es inspiradora y envía un mensaje de esperanza. *Un buen viento*, era el título original de Homer, pero fue cambiado a *El viento se levanta* en una de sus primeras exposiciones de arte.

Homer utilizó un gran número de triángulos en esta pintura. ¿Cuántos puedes encontrar?

Un **punto de fuga** es lo primero que sobresale en una pintura. ¿Cuál piensas que es el punto de fuga aquí?

El niño que sostiene el timón y dirige el bote mira hacia el horizonte. Esto podría simbolizar que mira hacia el futuro.

Homer pintaba con colores cálidos y suaves. La luz del sol en el agua da la impresión de que el mar estuviese compuesto de colores diferentes.

Tan azul como el océano

¿De qué color es el agua en un océano o un lago? ¿Dijiste azul? ¿Eso qué significa? Existen muchos tonos de azul: aguamarina, turquesa, azul cielo, azul acero, azul aciano, azul Francia, azul marino y azul índigo.

Utilizando solo pintura azul, blanca y negra, combina tantos tonos y matices como te sea posible. Por cada nuevo azul que combines, pinta un cuadro pequeño en un papel blanco y dale al color el nombre descriptivo que quieras. ¿Qué tal un azul delfín o un azul libélula?

Te estábamos presentando a los artistas respetando un orden, de acuerdo, con su fecha de cumpleaños, ¡pero luego apareció Monet! Debido a que fue el iniciador del Impresionismo, pensamos que querrías escuchar acerca de él antes que de los otros.

Claude Monet
1840-1926

Olvida lo que ves ante tus ojos, un árbol, una casa, un campo; simplemente piensa, aquí está un pequeño cuadrado azul, aquí hay un rectángulo rosa, ahí hay una raya amarilla, y pinta lo que aparece ante ti.

Claude Monet fue el primer pintor impresionista. Era hijo de un abarrotero de Le Havre, Francia. A Monet nunca le gustó la escuela. Se sentía atrapado en el salón de clases y anhelaba salir al exterior. Cuando tuvo la edad suficiente, se mudó a París para pintar.

En esa época, el tipo de pinturas que se exhibían en París tenían muchos colores oscuros y contaban relatos serios sobre la historia, la religión y la mitología. Monet las consideraba deprimentes y prefería los colores intensos y temas inspirados en la vida cotidiana. Sin embargo, a nadie le agradaba el estilo libre y parecido a bosquejos, ni los toques intensos de pintura, de Monet. Algunos pensaban que sus pinturas se veían como si no estuviesen acabadas. A Monet no le importaba. No vendía ningún cuadro, pero se mantuvo pintando en su estilo único.

¿Qué es el Impresionismo?

El término **impresionismo** proviene de una de las pinturas de Monet: *Impresión, sol naciente*. La pintura muestra dos pequeños botes y el sol en ascenso. Monet no estaba interesado en mostrar el parecido exacto de un objeto o una escena, sino más bien su impresión de ello. Los críticos, para burlarse, etiquetaron este estilo libre de arte como "impresionismo", pero a Monet y a sus amigos artistas les agradó el término. Los impresionistas se exhibieron juntos como grupo y exploraron la manera en que la luz caía en las formas y colores.

Monet creía que el color negro no existe en la naturaleza.

Todos en fila

Monet realizó varias pinturas temáticas, lo cual significa toda una serie sobre el mismo tema. Terminó más de 30 pinturas de la Catedral de Rouen y casi otras tantas de los pajares en el campo, cerca de su casa. Los pintó en días diferentes, en épocas diferentes y en climas diferentes para mostrar cómo cambiaba su apariencia dependiendo de la luz. Trajo carretillas llenas con sus lienzos y trabajó en toda la serie, moviéndose de un lienzo al otro conforme la luz cambiaba. Pintaba cada uno de los lienzos exactamente a la misma hora cada día. Monet deseaba demostrar que todo alrededor de nosotros cambia de forma constante.

Vamos afuera

Antes de 1840, los artistas hacían bosquejos al aire libre pero tenían que regresar a pintar al estudio. Entonces, los fabricantes descubrieron cómo poner la pintura de aceite en tubos pequeños. Los impresionistas descubrieron que podían captar la belleza de la naturaleza si hacían toda la pintura al aire libre o "**en plein air**", en francés. Los artistas tenían que trabajar rápido porque la luz cambiaba con gran rapidez. Con poco tiempo para mezclar la pintura, Monet usaba pinceladas ligeras y rápidas de color puro.

El puente japonés y el estanque de lirios

(1899. ÓLEO SOBRE LIENZO. MUSEO DE ARTE DE FILADELFIA, EN PENSILVANIA)

Monet tenía un enorme jardín en su casa de campo, en el poblado francés de Giverny. Ahí construyó un puente japonés con forma de arco sobre un estanque y llenó el estanque con lirios acuáticos. Pasó 25 años haciendo bosquejos y pintando la forma en que la luz caía en el agua y las flores. ¡Pintó más de 200 cuadros de lirios acuáticos!

Muéstrame la luz

Cuando combinas varios colores, algunas veces terminas con una mescolanza lodosa. En lugar de eso, intenta dar toques de colores uno al lado del otro. Ahora, muévete hacia atrás y deja que tus ojos los mezclen. Esta es la técnica que Monet usaba.

El agua quieta de un estanque refleja la luz, casi como un espejo, pero la luz también brilla a través de ella. Los lirios acuáticos ayudan al espectador a ver la superficie del agua.

No hay negros o grises. Las sombras provienen de los colores.

Los lirios acuáticos son flores que crecen en el agua.

Edgar Degas
1834-1917

Edgar Degas es conocido por sus pinturas de bailarinas de *ballet*. Creo más de 1 500 pinturas, dibujos, impresiones y esculturas de bailarinas. Como su amigo Manet, Degas nació en París, Francia, en una familia acaudalada. Se encontraba estudiando para convertirse en abogado, pero se salió de la carrera para entrar a una escuela de arte. Su padre no estuvo muy feliz con su decisión.

En movimiento

En las pinturas de Degas, la mayoría de sus bailarinas no están en el escenario. Aguardan tras bastidores, ensayan, se estiran o descansan. Degas le proporciona al espectador una mirada a lo que ocurre entre bambalinas, en el salón de prácticas y en las horas y horas de trabajo arduo.

Degas estaba fascinado por el movimiento. No le agradaban las pinturas de pose o rígidas. En lugar de emplear pinturas, a menudo usaba **pasteles** suaves, haciendo difusas las orillas para sugerir movimiento. Los pasteles son barritas de pigmen-

to pulverizado. Se utilizan en seco, en aplicaciones gruesas, y luego se mezclan en el papel para suavizar los tonos. Con líneas ligeras, Degas captó muchos gestos, estiramientos y giros de las bailarinas.

Un estilo impresionista

A diferencia de otros impresionistas, Degas no pintó al aire libre. Creía que un artista debía controlar la luz, no ser su sirviente. Con frecuencia trabajaba de memoria. Continuó utilizando el negro en sus pinturas, a pesar de que otros impresionistas no lo usaban por ser un color que no es natural.

A Degas le gustaban las composiciones fuera de centro de las impresiones japonesas con planchas de madera. Sus pinturas y pasteles en ocasiones parecían fotografías porque las figuras están cortadas o seccionadas por la orilla de la pintura.

Creado a mano

Tiempo después, Degas se convirtió en un escultor debido a que su vista empezó a fallar. Esculpió principalmente bailarinas y caballos y todos fueron de tamaño pequeño. Una de sus esculturas más famosas, *La pequeña bailarina de catorce años,* está vestida con un tutú de tela real. Degas agregó cabello real que trenzó y ató con un moño.

El arte no es lo que ves, sino lo que haces que otros vean

El espejo nos muestra lo que está sucediendo en la habitación contigua

La clase de danza

(1874. ÓLEO SOBRE LIENZO. MUSEO METROPOLITANO DE ARTE, EN NUEVA YORK

Esta pintura capta un "momento en el tiempo". Como muchas de las bailarinas de *ballet* en el arte de Degas, estas no bailan. Es como si estuviéramos en el salón con ellas, observando su clase de danza.

Algunas bailarinas tienen sus espaldas volteadas y todas ellas nos ignoran, lo cual aumenta la sensación de que estamos husmeando. La clase no es glamorosa, sino de trabajo intenso. El maestro de danza está en el centro de la pintura. Inspecciona el desempeño de las bailarinas. Durante esa época, casi todas las bailarinas de *ballet* eran de clase trabajadora. Varias bailarinas jóvenes aguardan con sus madres en la parte trasera para participar.

Entre bambalinas

¡Ssshh! Ya están en la clase de danza. Observa toda la pintura de Degas para ver lo que ocurre.

- ¿Por qué está el maestro de danza concentrado en una muchacha? ¿Cómo se siente?
- ¿Se escucha alguna música? ¿De qué tipo?
- Observa cómo el lado derecho de la habitación está truncado. ¿Qué es lo que no vemos?
- ¿Es el inicio de la clase o el final?

El cuadro está pintado principalmente con colores tierra, pero las flores en el pelo de las muchachas y los moños muestran colores vivos que resaltan. Degas utilizó pinceladas sueltas y toques rápidos de color.

El espacio vacío en la parte de abajo contrasta con la multitud de bailarinas arriba.

¡Sorprenderé a París con una manzana!

Paul Cézanne
1839-1906

lo hacían. No estaba interesado en mostrar un momento en el tiempo y el efecto de la luz. Más bien deseaba explorar la estructura de los objetos.

Paul Cézanne mostró al mundo del arte una nueva forma de ver los objetos a su alrededor. Cézanne nació en Aix-en-Provence, en el sur de Francia, en una familia acaudalada. Su padre era banquero, así que se esperaba que él fuese también banquero. Su padre se puso furioso cuando Paul anunció, después de dos años de cursar la escuela de leyes, que deseaba ser pintor. Su mejor amigo, el escritor Émile Zola, le dijo que no podía permitir que su padre lo detuviera. Finalmente, su madre convenció a su padre para que lo dejara estudiar arte.

Un poco de ayuda de mi amigo
Cézanne se mudó a París, pero nadie exhibía su obra. Sus pinturas eran muy oscuras y dramáticas. En lugar de utilizar un pincel, a menudo aplicaba pintura en exceso con una **espátula**. Un compañero pintor de nombre Camille Pissarro lo animó a pintar afuera, a la luz del sol. El arte de Cézanne cambió. Pintó con colores más vivos y con pinceladas más pequeñas.

Cézanne se hizo amigo de muchos de los pintores impresionistas de la época, pero no le gustaba pintar como ellos

Formas en un tazón
Cézanne es más conocido por sus **naturalezas muertas**. Las naturalezas muertas son pinturas de objetos vistos de cerca, que no se mueven. Las naturalezas muertas pueden ser: frutas, vegetales, flores, botellas o tazones. ¡Incluso puedes hacer naturalezas muertas de animales de peluche, clips para papeles y dulces! Cézanne usó naturalezas muertas para estudiar las formas básicas de los objetos diarios. Vio todo como un cilindro, un cono, una esfera o un cubo.

Prepara una naturaleza muerta

Cuando dibujes o pintes una naturaleza muerta no solo arrojes un montón de fruta en un tazón o flores en un jarrón. Observa la forma, el color y la textura de todos tus elementos y arréglalos con cuidado en una composición bien balanceada. Trata de colocar un mantel o un trozo de tela debajo de tu arreglo de naturaleza muerta para agregar un patrón o un color adicional.

Pinta lo que encuentres

A Cézanne le agradaba el reto de crear una pintura grandiosa utilizando solo elementos que encontraba en su casa. Pintó más de 100 naturalezas muertas. Por desgracia, su trabajo no fue conocido y fue rechazado hasta que ya era un anciano, así que pensó que había fracasado en su vida. A la edad de 67 años, mientras trabajaba al aire libre en un lienzo, se desató una fuerte tormenta. Cézanne se negó a detener su trabajo. Más tarde fue hallado inconsciente en el suelo y falleció en su casa de neumonía.

No está terminado todavía

Muy pocas de las pinturas de Cézanne están firmadas. Para él, una firma significaba que una pintura estaba terminada. Cada vez que regresaba a una naturaleza muerta, se daba cuenta de algo nuevo o que un elemento, por más pequeño que fuera, había cambiado. Quería pintar exactamente lo que había visto, así que trabajaba un poco más en la pintura.

Cézanne se tardaba tanto en cada pintura, que a menudo la fruta que estaba usando como modelo se descomponía antes de que acabara y tenía que conseguir más fruta fresca.

Cézanne con frecuencia pintó manzanas porque le gustaba su forma esférica sencilla. Ninguna de las manzanas es de un color único. Utilizó muchos tonos de rojo, amarillo y verde.

Cortina, jarra y plato con frutas

(1894. ÓLEO SOBRE LIENZO. COLECCIÓN PRIVADA)

La fruta en esta naturaleza muerta parece como si se hubiese desparramado al azar desde el plato, encima del mantel blanco. Pero no es así. Cézanne pasó mucho tiempo dedicado a colocar cada manzana y pera e imaginar los dobleces del mantel. También pasó mucho tiempo pintando cada pieza de fruta. Si miras con detenimiento, puedes ver que, como en la naturaleza, cada manzana es ligeramente diferente a las demás.

Utilizó colores complementarios para las sombras. Los colores vivos de la fruta contrastan con el gris del fondo.

Pierre Auguste Renoir
1841–1919

Uno debe, de vez en cuando, intentar hacer algo que esté más allá de nuestras capacidades.

Como muchos artistas, Renoir no se hizo famoso hasta después de haber fallecido, ¡entonces se volvió súper famoso! Renoir nació en Limoges, Francia, pero creció en París, no muy lejos del conocido museo de arte del Louvre. Renoir lo visitaría con frecuencia para admirar las pinturas y las esculturas. A los 13 años, comenzó a trabajar pintando flores en porcelana para ayudar a ganar dinero a su padre, quien era un sastre pobre. Aprendió cómo pintar con mano firme pero delicada.

Empezó a estudiar arte cuando tenía 17 años. Su maestro le enseñó en el estilo antiguo, con énfasis en las escenas históricas o religiosas pintadas con colores oscuros. Un día, otro estudiante, de nombre Claude Monet, invitó a Renoir a que se le uniera a pintar al aire libre. Renoir se sorprendió de cuánto le gustó esto. Renoir y Monet tenían formas similares de pintar y con frecuencia lo hacían uno al lado del otro "en plein air". Se convirtieron en muy buenos amigos y a menudo compartían la comida cuando no tenían dinero.

Rostros felices, lugares felices

Renoir es conocido como "el pintor de la felicidad". Pintó gente bonita relajándose y divirtiéndose. Pensaba que las pinturas deberían hacer felices a los espectadores y creía que las personas en sus lienzos también deberían verse contentas. Renoir era un impresionista. Pintaba con colores vivos, con pinceladas amplias, para dar la apariencia de luz cuando se mirara a la distancia.

Tiempo después, Renoir enfermó de una artritis grave, la cual deformó sus manos. No podía sostener un pincel. La única forma en que podía pintar era atando el pincel a su brazo.

Renoir usó a sus amigos como modelos. El hombre con el sombrero de paja a la izquierda es el hijo del propietario del restaurante. La mujer mimando a su perrito era la novia de Renoir, con quien se casó tiempo después.

El almuerzo de los remeros

(1880-1881. ÓLEO SOBRE LIENZO. COLECCIÓN PHILLIPS, EN WASHINGTON, D.C.)

Esta famosa y alegre escena muestra una fiesta veraniega de aficionados a la navegación en bote, donde los asistentes terminan de comer en una terraza, desde donde se contempla el río Sena, en París. Renoir capta su amistad a través de posturas relajadas y la forma en que se reúnen y charlan juntos. Renoir también capta su felicidad. Las personas se ven radiantes y los vasos, platos y frutas en la mesa brillan. No hay un simbolismo en esta pintura. Renoir sinceramente deseaba mostrar un "trozo de vida" y la pintura parece como una fotografía que acaba de tomarse.

Arte de luz de sol con raspado

Necesitarás lo siguiente:
- Papel grueso
- Pasteles de aceite o crayones (amarillo, naranja, rojo, rosa)
- Pintura témpera negra
- Jabón líquido para platos
- Brocha de hule espuma de poliestireno
- Palito de madera puntiagudo o palillo de dientes.

Tu creación:

1. Cubre todo el papel con una capa gruesa de pastel o crayón en colores "alegres" diferentes. No dejes ningún espacio en blanco.

2. Mezcla un poco de pintura negra con una gota de jabón líquido. Con una brocha de hule espuma pinta todo el papel con una capa uniforme. Deja que seque por completo (1 o 2 horas).

3. Con la punta de tu objeto puntiagudo, raspa una imagen sencilla. El color vivo que está debajo comenzará a aparecer, lo que le dará el efecto de una luz de sol brillante.

Estudia a las personas en la pintura. Solo dos se miran realmente la una a la otra. ¿Quiénes son?

Renoir utilizó una paleta de todos los colores. Pintó sombras de color azul y lavanda en lugar de usar el negro.

Mary Cassatt
1844-1926

Cassatt fue una participante activa en el movimiento para el sufragio de las mujeres en Estados Unidos. Donó el dinero que obtuvo en exposiciones de arte especiales para ayudar a que se aprobara la ley que otorgaba el derecho de voto a las mujeres.

Mary Cassatt fue una de las primeras mujeres en convertirse en una artista profesional en una época en que muy pocas mujeres eran artistas o incluso tenían profesiones. Nació cerca de Pittsburgh, Pensilvania. Cuando tenía siete años, Mary y su acaudalada familia se mudaron a París y Alemania durante varios años. Sus padres la llevaron a visitar diversos museos y galerías, lo que encendió la llama de su amor por el arte. Cuando regresó a Estados Unidos, su padre pensó que Mary debía casarse, permanecer en casa y criar hijos. Mary lo único que deseaba hacer era pintar.

Mary convenció a su padre para que la enviara a la Academia de Bellas Artes de Pensilvania. En esa época, a las escasas mujeres en una escuela de arte no se les permitía entrar en una clase de dibujo de modelos, ya que en ocasiones los modelos se desvestían, ¡así que comenzaron a modelar para ellas mismas! Estas mujeres estaban decididas a aprender cómo dibujar el cuerpo humano. Mary era una de ellas. Deseaba ser independiente y dedicarse a su arte.

A París

A finales del siglo XIX, Cassatt se mudó a París. La escuela de arte en París no aceptaba mujeres, así que Cassatt pasó su tiempo en museos, copiando a los antiguos maestros. No mucho tiempo después de su llegada, una de sus pinturas se mostró en el **Salón**. Esto fue un enorme triunfo. El Salón aceptaba a muy pocos artistas nuevos y menos a mujeres.

¿Qué era el salón?

Cada dos años, la Academia Francesa llevaba a cabo una gran exposición o exhibición de arte, con miles de pinturas nuevas. A esta exhibición se le denominaba el Salón. Un comité de selección decidía qué artistas estarían en el Salón. Si el Salón te invitaba a una exhibición, entonces podías exhibir tu obra en museos y galerías públicas. Si te rechazaba... lo mejor era olvidarse. Las pinturas rechazadas incluso eran estampadas con una gran letra "R" en la parte trasera y a un pintor le era difícil encontrar una forma de cubrirla, si es que tenía la esperanza de vender la pintura alguna vez.

Al Salón no le agradaban las ideas nuevas ni las técnicas nuevas. Para el año de 1863, miles de pintores habían sido rechazados. El gobernante de Francia, Napoleón III, solicitó ver las pinturas rechazadas. ¡Y le gustaron muchas de ellas! Así que ordenó que se llevara a cabo otra exhibición y la llamó el *Salon des Refusés*, que significa en francés el "Salón de los rechazados". Muchos pintores impresionistas famosos comenzaron aquí.

Buenos amigos

Cassatt se volvió muy amiga de Edgar Degas, quien la presentó con los otros pintores impresionistas. A ella le agradó su estilo y comenzó a usar pinceladas suaves y largas, con colores vivos y pasteles. Cassatt y Degas se hicieron tan buenos amigos que cuando una exposición impresionista no incluyó las obras de Degas, ella retiró las suyas.

Una persona del pueblo

Cassatt es conocida por pintar mujeres y niños. Pintó a madres jóvenes mientras cosían, bañaban o consolaban a sus hijos. Su enfoque fue único, ya que mostró la unión entre madre e hijo en un sentido que no era religioso. Ella deseaba mostrar la profunda conexión y las emociones que sentían.

Cassatt utilizó líneas enérgicas y colores claros y delicados. Las flores de color naranja rojizo resaltan contra el blanco y el azul pálido de las vestimentas de la madre y la hija.

El patrón en "V" de las líneas en el vestido de la madre atrae el punto de fuga a su regazo y a su hija.

¿Dónde están todas las mujeres artistas?

Mary Cassatt odiaba que la llamaran una "mujer artista" y deseaba ser llamada únicamente "artista". Durante mucho tiempo, el arte fue considerado solo como un pasatiempo para las mujeres. Muy pocas escuelas y exposiciones de pintura aceptaron mujeres hasta el siglo XIX. Aun cuando había algunas mujeres pintoras, desde épocas que se remontan a la pintura de cerámica en la antigua Grecia y el tejido de tapices en la Edad Media, no fue sino hasta ya avanzado el siglo XX, que el mundo del arte comenzó a homenajear y promover a las mujeres.

Además de Cassatt, hay otras famosas pintoras femeninas que quizá te agradaría conocer, estas son: Berthe Morisot, Grandma Moses, Frida Kahlo, Georgia O'Keefe, Faith Ringgold, Helen Frankenthaler, Louise Nevelson y Cindy Sherman. El Museo Nacional de Mujeres en el Arte, en Washington, D.C., está dedicado por completo a las mujeres artistas y tú puedes buscarlas en Internet para mirar sus colecciones.

Joven madre cosiendo

(1900. ÓLEO SOBRE LIENZO. MUSEO METROPOLITANO DE ARTE EN NUEVA YORK)

En este retrato, sentimos como que espiamos en un momento privado y tranquilo. La madre está concentrada en su costura, mientras su hija se recarga con suavidad en su rodilla. Las posiciones cómodas de sus cuerpos, la enorme sintonía de una con la otra, muestran su afinidad. Ambas se ven absortas en su vida en casa, dando la espalda al mundo verde oscuro que se ve en el exterior de la ventana. Cassatt pintó las actividades cotidianas de la familia porque sentía que eran especiales, precisamente por no ser especiales.

Las mejillas rosadas de la niña la hacen parecer como si acabara de entrar corriendo.

¿Pero adivina qué? La mujer y la niña no eran madre e hija. Ellas ni siquiera eran familiares. Eran modelos contratadas por Cassatt.

¿Cuándo es plano o no es plano?

¿Qué hacen los pintores para lograr que los objetos pintados en una hoja de papel plano se vean reales y en tercera dimensión? Utilizan la perspectiva. La perspectiva engaña tus ojos.

La idea básica de la perspectiva es:

Si un objeto está cerca de ti, dibújalo más grande.
Si un objeto está lejos de ti, dibújalo más pequeño.

Aquí hay un camino con tres árboles. ¿Cuál de los tres árboles se mira más grande? Aquel que está más próximo a ti. En la vida real, los árboles serían del mismo tamaño. En la pintura, dos de ellos se dibujan más pequeños, de manera que sepas que se encuentran lejos.

Los artistas utilizan la **línea del horizonte**. Esta es una línea imaginaria a lo largo de la página donde el cielo y la tierra se unen.

El camino en esta pintura se dirige hacia atrás y parece desaparecer en un punto único. Este punto imaginario en la línea del horizonte se llama el **punto de convergencia**.

Los objetos se vuelven cada vez más y más pequeños mientras más cerca se encuentren a la línea del horizonte. Y desaparecen por completo en el punto de convergencia.

Punto de convergencia

Línea del horizonte

Fondo o segundo plano

Punto medio

Frente o primer plano

¡Dibujemos una casa en perspectiva!

Si miras una casa desde el frente se verá como esta:

Pero tú no vives en una casa plana, ¿no es así?

Si miras una casa desde un ángulo se verá como esta:

Empecemos con una hoja de papel, un lápiz con borrador y una regla. ¡Usa tu regla para dibujar cada una de las líneas!

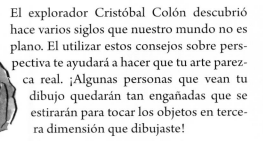

El explorador Cristóbal Colón descubrió hace varios siglos que nuestro mundo no es plano. El utilizar estos consejos sobre perspectiva te ayudará a hacer que tu arte parezca real. ¡Algunas personas que vean tu dibujo quedarán tan engañadas que se estirarán para tocar los objetos en tercera dimensión que dibujaste!

	Apariencia de tamaño de objetos	Cantidad de detalle
Frente	Grande	Mucho
Punto medio	Medio	Mediano
Fondo	Pequeño	Muy poco

Paso 1: Dibuja una línea horizontal suave a través del centro de tu papel. Esta es la línea del horizonte. Dibuja una X en el lado derecho de la línea. La X es el punto de convergencia.

Paso 2: En el lado izquierdo, encima de la línea horizontal, dibuja un cuadrado. Dibuja un triángulo arriba.

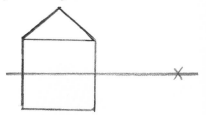

Paso 3: Con tu regla, dibuja unas líneas que conecten las dos esquinas en el lado derecho del cuadrado y el punto superior del triángulo con la X.

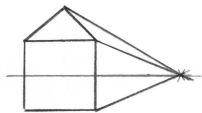

Paso 4: A la mitad del nuevo triángulo que has creado, dibuja una línea vertical. Esta es la parte trasera de tu casa.

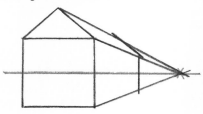

Paso 5: Borra todas las líneas que no necesitas y colorea tu casa.

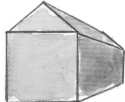

Auguste Rodin
1840-1917

Naríz rota

Rodin comenzó a hacer esculturas. Estudió la obra de Miguel Ángel, así como las esculturas de los antiguos griegos y romanos. A diferencia de los escultores clásicos, que creaban bellezas ideales, Rodin trató de mostrarles a las personas la forma en que eran realmente. Una de sus primeras estatuas fue la de un boxeador feo y viejo a la que llamó *El hombre con la nariz rota*. El Salón en París la rechazó dos veces. Algunos años después fue aceptada.

Una persona adentro

A Rodin con frecuencia le tomaba años hacer una escultura. En ocasiones esculpía más de una docena de cabezas en un día, luego tiraba todas a la basura antes de irse a dormir. Trabajaba arduamente para lograr que sus esculturas parecieran vivas. Cuando exhibió su primera escultura importante, esta era tan realista, ¡que la gente pensó que había un modelo vivo adentro de ella!

Dos formas de esculpír

Desde el inició de los tiempos, han habido dos formas básicas para hacer esculturas. Rodin usaba ambas.

El artista talla, desbarata o quita partes de una de piedra hasta que la escultura "aparece".

El artista "construye" la escultura usando alambre y arcilla. Para lograr que la escultura dure mucho tiempo y no se parta, se vierte metal dentro y adquiere la misma forma que la arcilla.

Auguste Rodin nació en París, Francia, y es conocido como un pionero de la escultura moderna. Tuvo dificultades en la escuela, así que hacía dibujos en lugar de estudiar. A la edad de 14 años, ingresó a una escuela de artes decorativas y después consiguió un trabajo realizando mampostería decorativa. Pero Rodin deseaba ser un pintor.

Solicitó entrar a la escuela de arte más famosa de París tres veces. Y tres veces lo rechazaron. Cuando tenía 22 años, estaba tan afectado por la muerte de su hermana que decidió renunciar al arte y convertirse en un monje. El Padre Superior le dijo que estaba tomando una decisión equivocada y convenció a Rodin de regresar al mundo y ser un artista.

El pensador

(1903. BRONCE. MUSEO RODIN, EN PARÍS, FRANCIA)

Una de las esculturas más famosas de todos los tiempos, *El pensador*, fue parte originalmente de una comisión del gobierno francés para un museo de artes decorativas en París. Rodin fue contratado para esculpir un gran conjunto de puertas con base en el poema épico la *Divina comedia*, de Dante. Rodin llamó a la obra *Las puertas del Infierno*. Arriba está la figura de Dante inclinado meditabundo, reflexionando en el infierno que se encuentra abajo. Después de que Rodin terminó las puertas, transformó esta figura en una escultura más grande llamada *El pensador*. Con su fuerza y realismo, la estatua se ha convertido en un símbolo de libertad y conocimiento.

El pensador fue moldeado en arcilla y luego fundido en bronce. Mientras Rodin vivió se hicieron muchas fundiciones de la estatua y desde su fallecimiento se han hecho muchas más.

Algunos Lugares para ver *El pensador* en Estados Unidos

Universidad de Adrian, Adrian, Michigan.

Instituto de Artes de Detroit, Detroit, Michigan.

Museo de Arte de Cleveland, Cleveland, Ohio.

Palacio de la Legión de Honor de California, San Francisco.

Universidad Columbia, Nueva York, Nueva York.

Universidad Stanford, Stanford, California.

Museo Norton Simon, Pasadena, California.

Museo Rodin, Filadelfia, Pensilvania.

Museo de Arte de Baltimore, Maryland.

Universidad Trinity, San Antonio, Texas.

Museo de Arte Nelson-Atkins, Kansas City, Missouri.

Universidad de Louisville, Louisville, Kentucky (esta es la primera copia fundida hecha de la escultura original).

Al final de su vida, Rodin vivió en un hotel en París, el cual estaba programado para ser demolido. No quiso abandonarlo, así que llegó a un acuerdo. Cuando falleciera, el gobierno francés heredaría todas sus obras de arte, y así logró quedarse.

Nada me hace tan feliz como observar la naturaleza y pintar lo que veo.

reían de su estilo autodidacta. Decían que tenía una apariencia demasiado simple. También dijeron muchas otras cosas muy crueles. Pero otros artistas pensaron que sus pinturas tenían una calidad extraña y soñadora. Ellos le dijeron a Rousseau que continuara pintando.

El ancho mundo

En 1889, la Feria Mundial llegó a París con exhibiciones de todas partes del mundo. En esa época, no podías encender la televisión o navegar en Internet para ver fotografías y videos de lugares lejanos. En la Feria Mundial, Rousseau se dio cuenta por primera vez de cuán exótico y grande era el mundo. Deseó viajar, pero en lugar de ello, comenzó a pintar sus aventuras imaginarias en tierras lejanas.

A pesar de que nunca había estado en una jungla, a Rousseau le encantaba pintar imágenes tropicales. Hacía bosquejos en parques y zoológicos locales, y usaba dibujos de revistas. Las personas se rieron de sus pinturas porque se veían irreales. Pero Rousseau continuó pintándolas.

Henri Rousseau es famoso en la actualidad por sus encantadoras y misteriosas pinturas, pero mientras estaba vivo, su arte fue rechazado y despreciado constantemente. Nació en Laval, Francia, nunca le fue bien en la escuela y a menudo se metía en problemas. Años más tarde, dijo que le habría gustado que alguien se hubiera dado cuenta de que era bueno para la pintura y lo hubiese enviado a una escuela de arte. Pero nadie lo hizo jamás. Todo lo que Rousseau aprendió sobre el arte, lo aprendió por sí mismo.

Pintor primitivo

Rousseau está clasificado como uno de los artistas postimpresionistas, quienes se liberaron del naturalismo del Impresionismo; pero también es considerado un pintor **primitivo** o **naíf**. Su estilo fue como infantil, con frecuencia asemejándose a las ilustraciones en una historieta infantil. Rousseau trabajaba en sus lienzos con lentitud, centímetro a centímetro. Durante su vida solo tuvo una exposición, pero incluso entonces, no tuvo mucho éxito. En la actualidad, sus pinturas están colgadas en los museos más importantes del mundo.

Varas y piedras

El apodo de Rousseau era "Le Douanier", que en francés significa "funcionario de aduanas". Cobraba cuotas aduanales en una de las puertas de París y pintaba únicamente en su tiempo libre. Forastero desde un principio, se unió al "Salón de los Independientes", un grupo de artistas que exhibían sus obras sin la aprobación del Salón oficial. Los críticos se

En ocasiones, las imágenes que pintaba asustaban a Rousseau y tenía que sacar su cabeza por la ventana de su estudio para inhalar una bocanada de aire tranquilizante.

En la jungla

Como Rousseau, no necesitas visitar una jungla para crear un excelente arte acerca de la jungla.

Necesitarás lo siguiente:
- Una cartulina de color blanco
- Un papel blanco para dibujar
- Marcadores o pinceles y pintura
- Tijeras
- Pegamento en barra

Tu creación:

1. Con marcadores o pintura, dibuja en el papel blanco un animal de la jungla. ¿Qué tal un tigre, una víbora, un hipopótamo, un mono, un perico o un gorila?

2. Ahora recorta unas hojas en el papel cartulina. Al recortar, verifica que tus hojas sean todas de diferentes formas y tamaños.

3. Con tu lápiz adhesivo, pega las hojas al papel blanco para crear tu jungla. Asegúrate de que tus hojas estén sobrepuestas y que cubran partes de tu animal de la jungla.

4. Puedes agregar flores y hierba crecida con tus marcadores.

Tigre en una tormenta tropical
También conocido como:
¡Sorprendido!

(1891. ÓLEO SOBRE LIENZO. GALERÍA NACIONAL EN LONDRES, INGLATERRA)

Esta fue la primera de muchas pinturas de Rousseau acerca de la jungla. Iluminado por el brillo de un relámpago, un tigre está preparado para saltar sobre una presa invisible, ¡quizá incluso un explorador humano! Rousseau primero la exhibió con el título de *¡Sorprendido!* La lluvia que cae en diagonal y el viento que azota a través de la hierba crecida, muestran la intensidad de la tormenta..

Las diversas sombras de color verde muestran la exuberancia de las hojas de la jungla. ¿Cuántos tonos de verde diferentes puedes encontrar?

Algunas de estas plantas no forman parte realmente de la vegetación de la jungla, sino que son plantas domésticas que se usaron como "modelos".

Rousseau utilizó colores vivos, sombras intensas y tonos dramáticos.

Cierro mis ojos para poder ver.

Paul Gauguin
1848-1903

Sorpresa de colores

Necesitarás lo siguiente:

- Colores vivos de pintura
- Pinceles
- Una hoja grande de papel
- Lápiz

Tu creación:

1. Antes de poner el pincel sobre tu papel, piensa en una escena al aire libre que te agradaría pintar, por ejemplo, un día en la playa, unos perros jugando en el parque o un oso en el bosque. Primero puedes hacer un bosquejo ligero de la escena con un lápiz o bien pasar directamente a pintar.

2. Mientras trabajas, pinta los objetos con el **color opuesto** a como realmente se ven. Pinta el cielo verde, la arena azul o el oso púrpura. Pinta tus colores sin mezclar y lisos como lo hizo Gauguin.

Paul Gauguin viajó por el mundo en busca de aventura y belleza, entonces pintó lo que había experimentado. Nació en París, pero pasó gran parte de su niñez en Perú. Gauguin nunca fue alguien que permaneciera quieto; se unió a la marina mercante cuando era adolescente y navegó alrededor del mundo. Cuando regresó, se convirtió en un exitoso corredor de bolsa en París. Gastó una gran cantidad de dinero en la compra de pinturas de Monet y otros artistas que exponían su arte en esa época. Gauguin comenzó a pintar como un pasatiempo de fin de semana. Pronto se dio cuenta de que todo lo que deseaba era pintar.

Muy, pero muy lejos

Gauguin renunció a su empleo para dedicarse a pintar todo el tiempo. También renunció a su esposa y a sus cinco hijos. Le dio la espalda a todo y a todos. Estaba convencido de que necesitaba vivir una vida más simple para crear su mejor obra. Viajó a la isla caribeña de La Martinica e incluso trabajó en la construcción del canal de Panamá. Posteriormente, se mudó con el pintor Vincent van Gogh en el sur de Francia. Esto no resultó bien. Tuvieron una pelea muy violenta y Gauguin se fue. Todavía no podía encontrar el lugar perfecto para pintar.

Una isla paradisíaca

En 1891, Gauguin se mudó a la isla de Tahití, que se encuentra en medio del océano Pacífico, entre Sudamérica y Australia. Gauguin estaba convencido de que las personas en Europa eran crueles e hipócritas. Le agradaba la sinceridad y el estado de ánimo que había en Tahití. Deseaba vivir en armonía con la naturaleza.

Colorea mi mundo

En Tahití, una isla cubierta de vegetación tropical, el arte de Gauguin cambió. Pintó el mundo a su alrededor, pero le agregó su imaginación a la mezcla. Deseó combinar el sueño con la realidad para crear un mundo encantado. Gauguin encontró

Nave nave moe

(1894. ÓLEO SOBRE LIENZO. MUSEO DEL HERMITAGE, EN SAN PETERSBURGO, RUSIA)

El título de esta pintura significa "Primavera sagrada, dulces sueños" en lenguaje tahitiano. El arte de Gauguin fue muy influenciado por su entorno. Pintó de esta manera poco después de que llegó a Tahití, captando la belleza primitiva de las personas y la isla.

La gente en sus pinturas tiene apariencia infantil para mostrar las vidas sin complicaciones de los nativos.

Todas sus figuras tienen contornos claros.

Utilizó áreas lisas de color en lugar de toques y pinceladas.

A la gente de Tahití no le agradaba mucho Gauguin.

Eligió colores llamativos con impactantes contrastes en los colores.

inspiración en los colores fuertes y las formas monótonas del arte tribal tahitiano. Desarrolló un nuevo estilo de pintura con líneas fuertes y repleto de colores brillantes y lisos, mucho más intensos que aquellos que se encuentran en la naturaleza. Por ejemplo, pintó un perro rojo, el cielo amarillo o un árbol azul.

Vincent van Gogh
1853-1890

> *Mirar las estrellas siempre me hace soñar.*

En la actualidad las pinturas de Van Gogh se venden en millones de dólares, pero cuando estaba vivo, ¡era un artista que se moría de hambre y que solo vendió una pintura! Van Gogh nació en Holanda y su padre era un ministro de iglesia. Obtenía malas calificaciones en la escuela y la abandonó a la edad de 14 años. Intentó muchos empleos diferentes; fue maestro, predicador, empleado de librería, y fracasó en todos ellos. A la edad de 27 años, decidió ser pintor. Aprendió de manera autodidacta al copiar las obras de pintores famosos como Rembrandt. Las primeras pinturas de Van Gogh eran muy oscuras y tristes. A nadie le agradaban y nadie las compró.

A París

Van Gogh se mudó a París y los colores que utilizaba se volvieron más vivos. Le gustaba usar la pintura directamente del tubo, así el color era más fuerte. Tenía estados de ánimo muy intensos, en algunas ocasiones se sentía muy feliz y en otras muy triste, y usaba el color para mostrar sus sentimientos. Estaba influenciado por las impresiones con planchas de madera japonesas. Le agradaba su diseño sencillo, las áreas lisas de color y la ausencia de sombras. Todo esto se puede ver en su obra. Era frecuente que hiciera una pintura cada día. Realizó casi 2 000 pinturas en diez años, pero únicamente vendió una mientras vivía.

> Con frecuencia, Van Gogh trabajaba día y noche sin parar. Para ver en la noche, ¡se fijaba velas encendidas alrededor del ala de su sombrero de paja!

Un poco de sol

Se mudó de París al sur de Francia para pintar. Sintió que los colores vivos y el amanecer del lugar lo inspirarían. Rentó una casa e invitó a su amigo Paul Gauguin a vivir con él. Pero discutían todo el tiempo y no pudieron estar juntos. Después de dos meses, Gauguin se fue. Durante toda su vida, Van Gogh sufrió de problemas mentales y depresión, lo que significa que se sentía muy, pero muy triste. Tuvo que ser tratado en un hospital para enfermos mentales. A la edad de 37 años, se suicidó de un disparo. Después de su muerte, su hermano Theo, un comerciante de arte, y su mejor amigo, organizó exposiciones y finalmente vendió la obra de Van Gogh.

Él es un...

Van Gogh en ocasiones es denominado un pintor postimpresionista, pero su estilo nunca perteneció a ningún movimiento. En esencia, trató de expresar sus emociones a través de su arte.

¡Las once estrellas titilantes están en los puntos correctos en el cielo!

El enorme cielo hace que el poblado se vea diminuto. Las líneas y ángulos de las casas contrastan con las curvas en el cielo.

La noche estrellada

(1889. ÓLEO SOBRE LIENZO. MUSEO DE ARTE MODERNO, EN NUEVA YORK)

Van Gogh pintó *La noche estrellada* mientras se encontraba en un hospital para enfermos mentales y muchas personas creen que esta es su mejor obra de arte. El dramático cielo nocturno repleto *con* formas en remolinos muestra su mente afligida. Van Gogh no pintaba al aire libre. La escena es en parte la vista de afuera desde su ventana del hospital y en parte imaginada. Van Gogh nunca le dijo a nadie lo que significaba la pintura. ¿Se te ocurren algunas ideas?

Los retorcidos árboles de ciprés y la punta de la torre de la iglesia conectan la tierra con el cielo.

Las pinceladas en remolinos proporcionan movimiento a la pintura. Las capas gruesas de pintura, denominadas **impasto** o empaste, muestran lo rápido que trabajaba Van Gogh.

La historia de la oreja de Van Gogh

Es difícil decir cuál de las diversas historias contadas acerca de la oreja de Van Gogh es cierta, ya que solo Van Gogh y Paul Gauguin estuvieron presentes esa noche. Un relato dice que Van Gogh y Gauguin tuvieron una horrible pelea en un café. Van Gogh persiguió a Gauguin por un callejón y sacó una navaja de barbero. Gauguin se burló de él y Van Gogh se contuvo y se arrepintió, pero después fue a su casa y utilizó la navaja para rebanarse el lóbulo de su oreja izquierda. Envolvió el trozo de oreja en un pañuelo, se lo llevó a su amiga Raquel y le dijo: "Guarda este objeto con cuidado". Ella se desmayó. Van Gogh regresó a su casa y casi se desangró hasta morir en la cama. Otro relato afirma que los dos artistas discutieron en casa, Gauguin salió furioso, Van Gogh se cortó el lóbulo de su oreja y le dejó el paquete a Raquel. Pero en otra historia, Gauguin le dijo a Van Gogh afuera del café que se iba de Arles, y Van Gogh se enojó tanto que le arrojó un vaso de vino a Gauguin, este sacó su espada y ya fuese con toda intención o por un accidente en la oscuridad, le cortó la oreja a Van Gogh. En cualquier caso, Van Gogh se recuperó y luego pintó su famoso cuadro *Autorretrato con oreja vendada*

Georges Seurat
1859-1891

Seurat siempre se vistió con un traje oscuro y sombrero de copa.

Desde un principio, Georges Seurat deseó que su arte fuera completamente original. No quiso copiar a los antiguos maestros. No quiso pintar como los artistas que lo rodeaban, así que se dedicó a inventar una nueva forma de pintar con el color. Seurat nació en París y asistió a la École des Beaux Arts, la escuela de arte más famosa en Francia. Cuando estableció su estudio propio, dibujó principalmente en negro y blanco durante dos años para comprender mejor lo que es el **tono**. El tono es la luminosidad o la oscuridad de un color. Un día, en una exposición de arte, vio el trabajo de los impresionistas. Le agradó su utilización del color y cómo captaban la luz, pero pensó que él lo podía hacer mejor. Mucho mejor.

Algunos dicen que ven poesía en mis pinturas, yo solo veo ciencia.

Punto, punto y punto

En esa época, la mayoría de los pintores mezclaban sus pinturas en la paleta. Pero no Seurat. Él mojaba un pequeño pincel directamente en cada tubo de pintura y entonces "punteaba" en el lienzo. Descubrió que si ponías puntos de colores diferentes uno junto a otro, se mezclaban ante tus ojos cuando te alejabas del lienzo. Por ejemplo, si daba toques de pintura roja junto a toques de amarillo, a cierta distancia esa área parecería naranja. Los marrones y los dorados se formaban al colocar puntos de rojo, azul y naranja uno junto a otro.

Seurat creó pinturas con millones de pequeños puntos o toques de pintura colocados uno muy cerca del otro. Seurat los llamó "puntos de pintura" y su nueva forma de pintar recibió el nombre de **puntillismo**.

Vamos al punto

Seurat no pintaba escenas al aire libre, aunque disfrutaba creando pinturas de personas cerca de ríos. Hacía un bosquejo en el exterior, luego regresaba a su estudio a pintar. Sus pinturas puntillistas requirieron de años para terminarse porque era muy cuidadoso del lugar donde ponía cada punto. Seurat es considerado un "**neoimpresionista**" o un "nuevo impresionista", ya que su técnica era muy científica y precisa. Antes de tener oportunidad de crear muchas pinturas, falleció de improviso de una enfermedad llamada difteria, cuando solo tenía 32 años.

Tarde de domingo en la isla de la Grande Jatte

(1884-1886. ÓLEO SOBRE LIENZO. INSTITUTO DE ARTE DE CHICAGO, EN ILLINOIS)

Esta famosa pintura puntillista muestra a la gente de París disfrutando de un hermoso domingo de verano en una pequeña isla del río Sena. En ese entonces, navegar en bote estaba muy de moda, como puedes observar por los numerosos botes en el río. Las personas se relajan debajo de árboles con sombra y caminan en el pasto. Seurat trabajó en esta pintura durante dos años, perfeccionando las combinaciones de puntos de colores. ¡Millones de puntos de colores llenan esta enorme pintura!

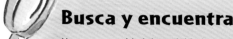

Busca y encuentra

Una gran cantidad de actividad ocurre en este parque. ¿Puedes encontrar lo siguiente?

- Tres perros
- Un mono con una correa
- Un hombre que toca una trompeta
- Un hombre que fuma una pipa
- Dos soldados
- Una mariposa rosa
- Un bastón

Puedes observar la influencia del arte egipcio, el cual había estudiado Seurat, en la forma en que sus figuras están rígidas y de perfil

La pintura es **estática**, como si a todos se les hubiese dicho que se congelaran en su lugar. Hay una característica de silencio e inmovilidad.

Seurat pintó su marco. Cambió los colores en diferentes secciones del marco de manera que fuesen **complementarios** a los colores próximos a ellos en la pintura.

Surat descubrió que los puntos diminutos de color naranja distribuidos entre otros colores daban la impresión de luz del sol centelleando.

¿Por qué hay un mono en el parque? Los monos capuchinos eran mascotas de moda en París, en la década de 1880.

Gustav Klimt

1862-1918

Gustav Klimt fue un maestro de los patrones sorprendentes y los colores metálicos. El padre de Klimt era un grabador de oro en Viena, Austria, quien le enseñó a su hijo cómo trabajar con oro. Klimt obtuvo una beca para la escuela de arte. Cuando concluyó la escuela, él y su hermano iniciaron un negocio de pintar murales en paredes y techos de mansiones, teatros y universidades.

Etapa dorada

Klimt cambió de los murales a la pintura en lienzos. Fue inspirado por los mosaicos bizantinos de la Edad Media, que utilizaban pequeñas piezas de vidrio de colores, piedras diminutas, oro y plata, para crear imágenes y patrones. Klimt usó mucho oro y pinturas metálicas en su arte y a esto se le denominó su "etapa dorada".

Algo nuevo

Klimt fue parte de un grupo de artistas en Viena que estaban cansados del arte realista que se había realizado durante cientos de años. Creían que el arte se encontraba en todas partes y que las artes decorativas eran tan importantes como las bellas artes. Deseaban que su arte simbolizara algo más allá de lo que aparecía en el lienzo. Querían utilizar colores vivos. Querían utilizar remolinos y líneas fluidas. Llamaron a su arte **art nouveau** o "arte nuevo".

Elige un patrón

Klimt adoraba los patrones. Repetía formas, líneas y colores en una composición. ¿Podrías mencionar todos los lugares donde ves patrones decorativos? Aquí te damos una pista, telas, ropa de cama, mobiliario, joyería y platos.

Klimt es uno de los numerosos artistas que usaron hojas de oro en sus pinturas. ¡Estas hojas no crecen en árboles de oro! Se trata de oro que ha sido moldeado con un martillo para hacer hojas muy, muy delgadas.

El beso

(1907- 1908. ÓLEO SOBRE LIENZO, CON HOJAS
DE ORO Y PLATA. GALERÍA BELVEDERE
OSTERREICHISCHE, EN VIENA, AUSTRIA)

Esta pintura resplandeciente de un hombre y una mujer
está saturada de emoción. El hombre besa la mejilla de
la mujer como si fuese su último beso o, quizá, su primer
beso. El punto de fuga se encuentra en sus cabezas y
rostros. Todo lo demás es un patrón de torbellinos. Ellos
parecen estar separados pero también unidos en su
apretado abrazo.

La bata del hombre y la bata de la mujer
tienen diferentes patrones geométricos.
¿Qué formas ves en cada uno?

Elaboración de un patrón

Para elaborar un patrón, comienza con una forma. Por ejemplo, dibuja un círculo.

Ahora dibuja una hilera de círculos, todos del mismo tamaño.

A continuación, agrega más hileras debajo de tu primera hilera, todas con el mismo círculo.

Colorea el primer círculo de rojo y el segundo círculo de azul, después el tercer círculo de rojo y el cuarto de azul. Mantente alternando los colores. ¡Ahora tienes un patrón!

El patrón en la alfombra
de flores semejantes
a joyas produce la
impresión de ser un
mosaico bizantino.

La pintura es casi totalmente de oro, excepto por
los rostros del hombre y la mujer. Klimt talló líneas
decorativas directamente en las hojas de oro.

Edvard Munch tuvo una infancia triste y esa tristeza vivió en su arte. Nació en Loten, Noruega, pero se mudó con su familia a la ciudad de Oslo. Cuando era niño su madre y su hermana fallecieron de tuberculosis y otra hermana fue internada en una institución de salud mental. Su padre era un hombre intensamente religioso que se recluía a orar durante todo el día. A menudo estaba enfermo, por lo que Edvard pasaba sus días dibujando dentro del departamento de la familia.

Munch asistió a la escuela de arte en Oslo; después se fue a París a pintar. Su primera obra importante, *El niño enfermo*, está relacionada con la muerte de su hermana. Expresa su tristeza y culpabilidad por verla morir.

Déjalo salir

Munch expresaba sus sentimientos en sus lienzos. Su estilo fue llamado **expresionismo**, porque la concentración no está en cómo se ve un objeto sino en la emoción pura del artista. Él quería que el espectador sintiera su enojo, miedo o enfermedad.

Una vida difícil

Munch sufrió de depresión, a menudo se quejaba de escuchar voces en su cabeza y era adicto al alcohol. Durante una época especialmente difícil de su vida, pintó una serie de 22 pinturas llamada *El mural de la vida*. Las pinturas tenían títulos como *Melancolía, Celos, Desesperación, Ansiedad* y *El grito*. La exposición se tuvo que suspender después de tan solo una semana debido a que las personas sentían que su arte era muy triste.

Munch mostró la emoción a través de colores intensos. El cielo naranja contrasta con el agua azul.

El paisaje turbulento muestra su agitación.

El grito

(1893. Óleo, témpera y pastel en cartón. Galería Nacional de Noruega y el Museo Munch, en Oslo, Noruega)

El grito es la obra máxima del arte expresionista. Observamos a un hombre solitario con una cabeza parecida a una calavera. Su boca está abierta y se aferra a su rostro en una actitud de miedo. El hombre que grita es Munch. Este escribió en su diario que la imagen provino de una ocasión cuando caminaba con dos amigos al atardecer y se recargó contra un barandal para descansar. De repente se sintió angustiado y dio un fuerte grito que pareció atravesar todo en la naturaleza. Puedes ver la conmoción ocasionada por su terror formando ondas a través del agua y el cielo.

Una versión pastel de *El grito* se vendió en el año 2012 por más de 119 millones de dólares.

Elabora un rostro

¿Con frecuencia pones una sonrisa en los rostros que dibujas? Incluso si tus personajes siempre están felices, dibujar expresiones diferentes es una gran manera de mostrar emociones en tu arte.

Necesitarás lo siguiente:
- Un espejo
- Un papel
- Lápices de colores

Tu creación:

1. Mira en el espejo. Trata de hacer expresiones diferentes con tu rostro. ¿Cómo te ves cuando estás sorprendido? ¿O enojado? ¿O asustado? ¿O somnoliento? Si tienes un amigo o un familiar cerca de ti, pídeles que intenten adivinar qué emoción muestra tu rostro.

2. Ahora elige una emoción y dibuja ese rostro. En tu papel, dibuja un óvalo grande para tu cabeza. Agrega tus ojos, nariz y boca. Observa en el espejo. ¿Tu boca está abierta o cerrada? ¿Tus ojos son grandes o pequeños?

3. Agrega algunos detalles. Dibuja tus cejas alzadas si estás sorprendido. Baja tus cejas si estás enojado. Agrega lágrimas si estás llorando. Colorea tus mejillas de rosa si estás avergonzado.

Henri de Toulouse-Lautrec
1864-1901

Pinto las cosas como son. No comento, registro.

de forma apropiada y sus piernas dejaron de crecer. Ya siendo adulto, apenas medía metro y medio de estatura, con un cuerpo de tamaño normal y las piernas muy cortas. Le resultaba difícil caminar y tenía que usar un bastón.

Toda la noche de fiesta

Toulouse-Lautrec amaba salir por la noche en París. Su obra artística mostraba los clubes nocturnos, meseras, cantantes y bailarinas. Toulouse-Lautrec hacía bosquejos toda la noche en los clubes iluminados a media luz y luego pintaba escenas en la mañana en su estudio. Se emborrachaba con frecuencia. Decía que bebía alcohol en exceso porque pensaba que era feo. Falleció a la temprana edad de 37 años.

El arte del cartel

Henri de Toulouse-Lautrec captó el espíritu despreocupado de París al final del siglo XIX en sus pósteres o carteles coloridos y divertidos. Toulouse-Lautrec nació en Albi, Francia, y no tuvo que preocuparse del dinero durante toda su vida, ya que su padre y su madre eran un conde y una condesa. De niño, a menudo se enfermaba y pasaba mucho tiempo dedicado al dibujo y la pintura. Cuando tenía 14 años, se rompió su pierna izquierda. Cuando tenía 15 años, se rompió su pierna derecha. Tenía una enfermedad de los huesos, así que estos no sanaban

Toulouse-Lautrec era famoso por sus carteles. Diseñaba e imprimía carteles para hacerle publicidad a los salones de baile de París. La gente amaba sus carteles y los arrancaba de las paredes tan pronto los colocaban y se los llevaba a su casa. Para elaborarlos utilizaba un método llamado **litografía**. La litografía comienza con una piedra plana o una superficie de metal. La técnica consiste en hacer que algunas de sus áreas retengan la tinta y que otras la rechacen o repelen. El artista no graba la imagen sino que la pinta en la superficie.

Toulouse-Lautrec hizo patrones de sus carteles gráficos basado en el estilo de las impresiones con planchas de madera de Hokusai. Utilizó grandes áreas de color intenso y liso. También delineaba sus figuras con firmeza y nunca usaba sombras. En ocasiones, imprimió en cartón, porque le agradaba el color de fondo.

¿Cómo descubren los artistas en Francia, del siglo XIX, las planchas de madera japonesas de Hokusai? En 1856, un pintor francés estaba desenvolviendo porcelana que había sido enviada desde Japón. El papel que la cubría había sido arrancado de un libro de grabados. Entonces el artista se apresuró a compartirlo con sus amigos pintores.

Moulin Rouge: la Goulue

(1891. LITOGRAFÍA A COLOR. MUSEO DE ARTE DE INDIANÁPOLIS, EN INDIANA)

Henri de Toulouse-Lautrec elaboró este cartel de casi 1.80 metros para promover a la bailarina "la Goulue" (cuyo nombre real era Louise Weber) en el nuevo salón de baile de París, de nombre el Moulin Rouge (el Molino Rojo). Ella era muy conocida por bailar el famoso Can-Can. Toulouse-Lautrec imprimió alrededor de 3 000 copias y en diciembre de 1891, el cartel estaba pegado en todo París. Los otros carteles en las calles estaban repletos con muchas palabras, así que los audaces dibujos del cartel del Moulin Rouge realmente se destacaban. Después de eso, todo el mundo hablaba del nuevo artista que lo había creado.

Locos acerca de los anuncios

Henri de Toulouse-Lautrec convirtió la publicidad en una de las bellas artes. Ahora podrás diseñar tu propio póster o cartel publicitario.

Necesitarás lo siguiente:
- Un papel o cartón del tamaño de un póster.
- Un lápiz
- Marcadores o pintura

Tu creación:

1. Piensa en algo real o imaginario para promocionar en tu póster. Por ejemplo, un circo, adopción de mascotas, una feria de libros, un concierto, la visita de un familiar o un espectáculo de magia. Piensa en una frase pegajosa, como: "¡El Circo llegó a la ciudad!" o "¡Abracadabra!".

2. Con un lápiz comienza el diseño de tu póster haciendo un bosquejo de las palabras y la imagen central. Para un circo podrías dibujar un payaso. Para un espectáculo de magia, podrías dibujar un conejo en un sobrero de copa. Mantén todo sencillo y claro.

3. Haz que tus palabras y dibujos resalten agregando un color llamativo con marcadores o pintura.

Los espectadores se muestran en siluetas negras, así que nos enfocamos en la bailarina.

La repetición de "Moulin Rouge" atrae nuestra mirada a la bailarina y sus enaguas blancas.

Toulouse-Lautrec utilizó colores cálidos: rojo, amarillo y naranja.

Este fue uno de los primeros pósteres o carteles de "celebridades" para promover a un artista famoso. Piensa en los pósteres de películas y deportes de la actualidad. ¡Toulouse-Lautrec realmente fue el iniciador de algo!

¿Dónde se encuentra el arte?

Museos

La mayoría del arte que se muestra en este libro se encuentra en un **museo de arte**. Un museo de arte es un lugar especialmente construido para exhibir y admirar el arte. Sin embargo, un museo es mucho más que un sitio para colgar pinturas...

Los museos mantienen la temperatura apropiada

En el interior de un museo el ambiente no puede estar demasiado caliente o frío, demasiado húmedo o seco. Si la temperatura no es la apropiada, la pintura se puede agrietar o pelar. Una de las razones por las que algunas obras de arte antiguas han perdurado por tanto tiempo es que estuvieron preservadas en cuevas frías o desiertos secos.

Los museos seleccionan el arte

El arte exhibido en cada museo es seleccionado por un **curador**. Un curador es una persona especialmente entrenada que elige las obras de arte y decide cómo van a ser exhibidas.

Los museos logran que el arte mantenga una buena apariencia

Los museos contratan **conservadores** para limpiar y restaurar las pinturas de manera que dentro de unos años continúen mirándose como recién pintadas. La **preservación del arte** es una labor muy lenta y detallada. Los conservadores quitan el polvo y el barniz viejo y reparan las pinturas agrietadas. Con frecuencia utilizan aparatos de rayos X y de reflectografía infrarroja para explorar debajo de las capas de pintura. Pueden saber cómo trabajó el artista, los tipos de pinceladas que utilizó e incluso pueden ver los primeros bosquejos hechos debajo de la pintura.

Los museos tienen salas especiales

Los museos de arte con frecuencia están divididos en **galerías** o **colecciones**. Las galerías ayudan a agrupar obras similares. Por ejemplo, un museo puede tener una galería impresionista, una galería del antiguo Egipto o una colección de arte medieval.

Los museos enseñan

Visitar un museo no es nada más contemplar en silencio el arte. En la actualidad, muchos museos ofrecen programas especiales para niños. Hay exhibiciones que puedes tocar, así como búsqueda de tesoros, visitas guiadas para familias y campamentos de arte.

Otros lugares para admirar el arte

La mayoría de las ciudades tienen **galerías de arte**. A diferencia de un museo, las galerías de arte privadas son un negocio. A la vez que eres bienvenido para caminar por el lugar y observar el arte de manera gratuita, el propietario de la galería espera venderte el arte exhibido en las paredes. Muchas galerías presentan **espectáculos** diferentes, que resaltan la obra de un artista o un grupo de artistas.

Los artistas con frecuencia tienen **exposiciones de arte** donde muestran sus obras. Las exposiciones pueden realizarse en un museo, una galería, una feria, una escuela, una iglesia, una cafetería local o en un festival de arte. Incluso tu escuela podría ser anfitriona de una exposición de arte.

Existen muchos **sitios en Internet** donde puedes admirar el arte. Algunos grandes museos te permiten ver sus colecciones virtuales y entrar en los sitios de las pinturas, como si estuvieras caminando a través de las salas del museo. Otros sitios sirven como catálogos en la red, algunos con propósito de venta de las obras y otros con propósitos puramente educativos.

"¿Escucho dos millones?"

Es frecuente que se vendan obras de arte importantes en una **subasta de arte**. Las dos casas de subastas de arte más famosas del mundo son Christie's y Sotheby's. En una subasta, una obra de arte se vende al mejor postor, es decir, la persona que está dispuesta a pagar más dinero.

Cómo se realiza una subasta

Si compras una barra de chocolate en una dulcería, pagas el precio que se muestra en el chocolate. Si hubiera una subasta para la barra de chocolate, el propietario de la tienda reuniría a todas las personas interesadas en comprar esa barra de chocolate especial. Anunciaría una **oferta inicial**, o precio inicial, digamos cinco pesos. Si te sientes bien de pagar más, incrementarías la oferta a seis pesos. Quizá el niño que está a tu lado aumente la oferta a siete pesos y otro que está detrás de él la suba a nueve pesos. Las personas desisten de una subasta cuando el precio se incrementa demasiado. Ahora solo quedas tú y el otro niño. ¿Estás dispuesto a pagar diez pesos por el chocolate? Si tú estás dispuesto y el otro niño no, entonces la barra de chocolate es tuya por ese precio. Las subastas de arte se llevan a cabo de la misma forma.

Inténtalo

¿Por qué no realizar tu propia exposición de arte? Reúne a tus amigos y exhibe tu arte en la casa de alguien. Elabora carteles promocionales e invita a tus vecinos y amigos. O lleva a cabo una subasta de tus obras de arte. Los adultos pueden ofrecer dinero verdadero que podrías donar a alguna asociación de caridad, o podrías darle a tus amigos dulces o papas fritas para usar como dinero imaginario.

Llamado el Rey del Color, Henri Matisse fue conocido por su uso audaz de los colores vivos. Matisse nació en un pequeño pueblo del norte de Francia y sus padres eran propietarios de una tienda miscelánea. Planeaba convertirse en abogado, pero se enfermó a la edad de 20 años. Mientras se encontraba en cama recuperándose, su madre le compró una caja con pinturas. Matisse descubrió que le encantaba pintar. Así que renunció a las leyes, se mudó a París y se entrenó para convertirse en un pintor.

Colorea mi mundo

Matisse estaba intrigado por el poder del color. El ver colores diferentes nos hace sentir emociones diferentes, como tranquilidad, enojo o felicidad. Ese es el motivo por el cual las paredes de un hospital están pintadas con colores relajantes. Cuando Matisse comenzó a pintar se estaban creando nuevos colores y pigmentos. La pintura estaba premezclada y no era demasiado costosa, lo que le permitió experimentar con los colores. Pintaba con unas pocas líneas y únicamente unos pocos colores. Matisse pensó que mientras más simple fuera el color, más fuerte se volvía.

La creatividad requiere valentía.

Salvaje y loco

Cuando Matisse y otros pintores expusieron sus obras en 1905, un crítico dijo que eran como *fauves*, lo que significa "bestias salvajes". El nombre de **fovistas** se les quedó a los artistas que usaban una gran cantidad de colores vivos y llamativos para expresar sus emociones. Matisse fue el líder de los fovistas. Deseaba deshacerse de todo aquello en el lienzo que no fuese color.

Haciendo cortes

Matisse pintó hasta el final de su vida, incluso cuando estaba en una silla de ruedas y muy enfermo. Cuando estaba demasiado débil para pintar con un caballete, creó los "cortes de papel", al recortar con tijeras diversas formas de papel de colores. Después hizo un *collage* de ellas en una pintura. **Collage** proviene de la palabra francesa *coller*, que significa "pegar o pegar con pegamento". Matisse denominó a su técnica de realizar *collages* "dibujar con tijeras".

En 1961, la pintura de Matisse, Le Bateau (El barco) se exhibió en el Museo de Arte Moderno de la ciudad de Nueva York. Después de 47 días, alguien se dio cuenta de que, ¡había sido colgada al revés por equivocación!

Pintando con tijeras

Recortar *collages* parece muy sencillo de hacer, pero es un trabajo difícil arreglar las formas y colores para crear la pintura más interesante.

Necesitarás lo siguiente:
- Cartulina de colores
- Tijeras
- Lápiz adhesivo

Tu creación:

1. Escoge tres o cuatro colores de cartulina que sientas que combinan. Como Matisse, usa tus tijeras para cortar formas directamente en la cartulina. Intenta algunas espirales, zigzags y curvas también. Guarda tanto tus formas positivas como negativas.

2. Espera hasta que tengas una pila de formas recortadas, entonces comienza a ordenarlas en una hoja grande de papel. No pegues ninguna todavía o no podrás moverlas de lugar. Utiliza solo las formas que sientas que combinan mejor y coloca las otras en una pila a un lado. Intenta sobreponer y poner en capas algunas formas.

3. Cuando te sientas contento con tu diseño, entonces pega las formas.

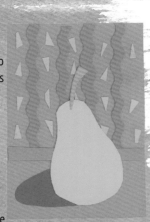

El entierro de Pierrot

(1947. IMPRESIÓN EN ESTÉNCIL. ILUSTRACIÓN 10 DEL LIBRO ILUSTRADO "JAZZ", POR HENRI MATISSE. MUSEO DE ARTE HERBERT F. JOHNSON, UNIVERSIDAD CORNELL, EN ITHACA, NUEVA YORK, O BIBLIOTECA DE LA UNIVERSIDAD DE STANFORD, EN PALO ALTO, CALIFORNIA*)

Jazz es el título del libro ilustrado de Henri Matisse que incluye 20 reproducciones de sus recortes. *El entierro de Pierrot* es el número diez. La colección no es acerca de la música de jazz, es acerca de las emociones de Matisse sobre el arte. Él pensaba que tanto el jazz como el arte le permitían a una persona improvisar y crear. Para elaborar sus *collages*, Matisse primero hacía que sus asistentes pintaran papel blanco con colores llamativos. Después él cortaba las formas sin hacer primero un bosquejo. Luego fijaba a la pared con alfileres las formas y las examinaba. Las movía de un lado a otro para encontrar la mejor composición. Finalmente, cuando se sentía contento con un arreglo, y esto podía requerir años, las pegaba en un lienzo o cartón.

A las formas recortadas se les llama **formas positivas**. A los agujeros dejados en el papel después de que las formas fueron cortadas se les llama **formas negativas**. Matisse usaba ambas en sus *collages*.

Un pierrot es un payaso triste con un rostro blanco. Los pierrots aparecieron en espectáculos llamados pantomimas. Matisse a menudo dijo que el artista era como un pierrot.

Matisse utilizaba solo unos pocos colores a la vez en sus *collages*.

A Matisse le agradaba **sobreponer** sus formas encima de otras más grandes, creando muchas capas.

* HUBO 370 COPIAS ORIGINALES DE JAZZ. ESTOS SON ÚNICAMENTE DOS DE LOS NUMEROSOS LUGARES QUE HAY PARA VERLAS.

Paul Klee
1879-1940

> Un dibujo es sencillamente una línea que sale a dar un paseo.

Paul Klee amaba tanto la música como la pintura. Nació cerca de Bern, Suiza, y sus dos padres eran músicos. El joven Paul siempre estaba dibujando y era un violinista experto a la edad de 11 años. Esto lo llevó a una difícil decisión. Cuando creciera, ¿debería ser un pintor o un músico? Se decidió por la pintura y estudió en Alemania, pero la música siempre fue una parte importante en su arte y su vida. Tocó el violín casi todos los días hasta su muerte.

A la edad de 35 años, Klee realizó un viaje de dos semanas a Túnez, un pequeño país en el norte de África, y quedó muy impresionado por los colores que vio ahí. Pensaba que la luz del sol en Túnez hacía resplandecer los edificios en una forma como de cuento de hadas. Comenzó a experimentar con acuarelas, colocando secciones de colores unas junto a otras.

Nunca creció

Klee adoraba los colores llamativos y una forma sencilla de pintar. Deseaba que su estilo fuera tan libre como el de un niño. A Klee le gustaba garabatear. Dejaba que su lápiz se moviera de un lado a otro y luego veía lo que podía hacer con las formas y líneas que aparecían.

Klee estaba más interesado en el sentimiento que la pintura le transmitiría al espectador que en hacerla parecer realista. Sus personajes y objetos a menudo aparecían en el lienzo solo como colores o formas. Su arte es llamado **arte abstracto** porque utilizaba formas abstractas simples.

Todo se vale

A Klee le gustaba experimentar. Utilizaba diferentes clases de materiales, incluyendo gis, crayón, pastel, pintura en aerosol y tinta. Muchas de sus pinturas fueron realizadas en un fondo negro o coloreado, en lugar del blanco tradicional. En ocasiones pintó en yute, lino, gaza, cartón, laminillas metálicas, papel tapiz y papel periódico.

De regreso a Suiza

Klee enseñó arte en Alemania en una famosa escuela llamada Bauhaus. Cuando los nazis llegaron al poder en la década de 1930, su arte fue **prohibido**, lo cual significaba que no se le permitía que fuese exhibido o visto. El gobierno nazi anunció que su arte era "inferior a los estándares" y lo quitó de las paredes de los museos. Klee se llevó a su familia de regreso a Suiza. Por fortuna, gran parte de su arte se recuperó años después.

A Klee le gustaba dibujar gatos; estos eran su animal favorito.

Senecio

(1922. ÓLEO EN GAZA PREPARADA SOBRE CARTÓN. KUNSTMUSEUM BASEL, EN SUIZA)

Esta pintura es un retrato de frente. *Senecio* significa "anciano" en latín. ¿Crees que se parece a un anciano? Klee usaba únicamente formas geométricas simples. Trabajó en esta pintura por muchos años para conseguir la combinación apropiada en su cuadrícula de colores. Deseaba que su pintura tuviese la clase de armonía que escuchas en la música.

¿Cuántos cuadrados, triángulos y círculos puedes contar?

Klee extendió capas de gaza sobre cartón y pintó encima de ellas. En algunos lugares dejó que la gaza se viera.

La combinación es de colores cálidos análogos: rojo, naranja y amarillo. A todos se les ha agregado blanco para darles un brillo suave. Estos colores fueron inspirados en Túnez.

Rostro de pañuelos desechables de papel

Necesitarás lo siguiente:

- Papel blanco
- Lápiz
- Crayón negro
- Pañuelos desechables en papel de colores, cortados en figuras geométricas
- Agua
- Brocha de espuma de poliestireno

Tu creación:

1. Dibuja con lápiz una cabeza grande y redonda en tu papel blanco. Agrega un cuello, hombros y rasgos faciales.

2. Delinea los contornos con el crayón negro. Presiona con firmeza de manera que las líneas de crayón sean gruesas y oscuras.

3. Humedece todo tu papel con tu brocha de espuma mojada.

4. Coloca diferentes formas de pañuelos de papel en un patrón cuadriculado en todo el papel blanco. Llena toda la hoja. Una vez que esté toda cubierta, deja que se asiente durante diez minutos. Con suavidad, cepilla la parte de encima de los pañuelos de papel con la brocha de espuma húmeda para hacer que los pañuelos de papel se "escurran".

5. Desprende todos los pañuelos de papel y tíralos. Los pañuelos de papel deben haber dejado un patrón de colores en tu dibujo y el crayón debe haber "resistido" el color. Deja que tu obra de arte seque por completo.

Franz Marc
1880-1916

Franz Marc es conocido por sus pinturas coloridas de animales. Nació en Múnich, Alemania y su padre era un pintor paisajista. Marc tuvo una infancia religiosa muy estricta y planeaba convertirse en sacerdote. A la edad de 20 años, había cambiado su pasión al arte y asistía a la escuela de arte. Se mudó a París y vio el trabajo de Gauguin y Van Gogh. La utilización que hacían de los colores intensos fue muy reveladora para él y cambió la forma en que pintaba.

Amigos con cuatro patas

Marc a menudo dijo que le gustaban más los animales que las personas. Pensaba que los animales eran más inteligentes y amigables. Su forma de pintar animales fue diferente de la de otros artistas. Él no intentaba crear realismo. Dijo que deseaba pintar a los animales "de adentro hacia afuera". Usaba colores llamativos para mostrar el alma de los animales. Marc realizó muchas pinturas de caballos y, extrañamente, lo mataron mientras cabalgaba en un caballo durante la batalla de Verdún, en la Primera Guerra Mundial. Un proyectil de artillería lo impactó en la cabeza.

El jinete azul

En 1911, él y los artistas Vasili Kandinsky, Alfred Kubin y Gabriele Münter fundaron un grupo artístico llamado **Der Blaue Reiter**, que significa "El jinete azul" en alemán. Se veían a ellos mismos como artistas espirituales que galopaban hacia adelante con nuevas ideas. Otras personas calificaron su estilo como **expresionismo**, porque los artistas mostraron sus sentimientos a través de su elección de los colores y las formas. Marc creía que los colores tenían diferentes significados. Por ejemplo, el amarillo equivalía a amabilidad y alegría, el azul a espiritualidad y el rojo a poderío y violencia.

Código de Colores

Franz Marc sintió que los colores podían ser alegres, tristes, energéticos o indolentes. Piensa en todas las frases que usamos con los colores. ¿Podrías unir unos con otros correctamente?

1. Estar rojo
2. Verde de envidia
3. Día gris
4. Amarillo gallina
5. La vida rosa
6. En blanco

a. Desear algo que alguien tiene
b. Cobardía, no es valiente
c. Muy feliz
d. Muy enojado
e. Triste
f. Indefinido, confundido.

Respuestas: 1-d, 2-a, 3-e, 4-b, 5-c, 6-f

El caballo azul

(1912. ÓLEO SOBRE LIENZO. MUSEO
SAARLAND, EN SAARBRÜCKEN, ALEMANIA)

No existe ninguna duda sobre cuál es el foco central de esta pintura, ¡el pequeño caballo azul, desde luego! El caballo es el centro y resalta frente al paisaje rosa y rojo. Marc pintó el caballo azul para mostrar que era espiritualmente más cercano a las nubes y al cielo que a la tierra. Pensaba que los animales eran las únicas criaturas que tenían el mérito de irse al cielo.

Todas las formas son suaves y redondeadas.

Las curvas en el caballo se repiten en las colinas. Marc pensaba que todo en la naturaleza estaba conectado, así que usó líneas curvas en todas partes para sostener las formas juntas.

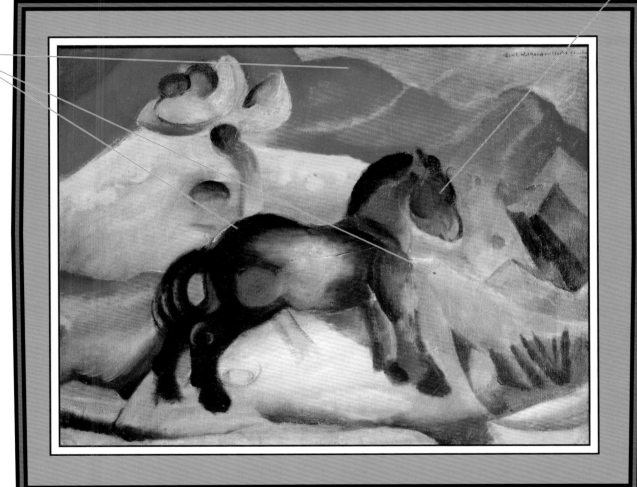

Marc estaba más interesado en captar el espíritu del caballo que en pintar su anatomía de forma correcta.

Eric Carle, el artista de libros infantiles, escribió e ilustró un libro titulado *El artista que pintó un caballo azul*. Carle esperaba mostrarles a los niños que en el arte no existe ningún color erróneo.

Pablo Picasso
1881-1973

Una pintura es solo otra forma de mantener el registro de un diario.

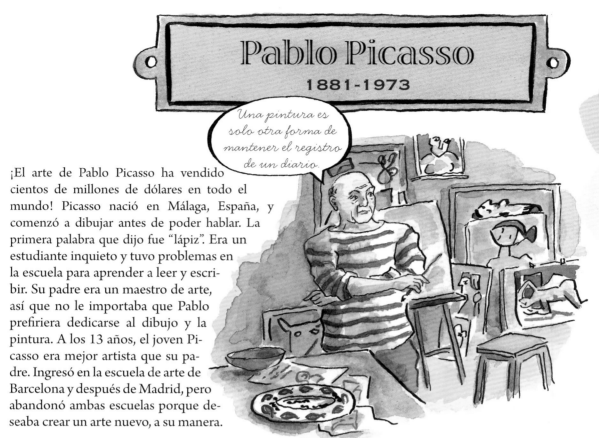

¡El arte de Pablo Picasso ha vendido cientos de millones de dólares en todo el mundo! Picasso nació en Málaga, España, y comenzó a dibujar antes de poder hablar. La primera palabra que dijo fue "lápiz". Era un estudiante inquieto y tuvo problemas en la escuela para aprender a leer y escribir. Su padre era un maestro de arte, así que no le importaba que Pablo prefiriera dedicarse al dibujo y la pintura. A los 13 años, el joven Picasso era mejor artista que su padre. Ingresó en la escuela de arte de Barcelona y después de Madrid, pero abandonó ambas escuelas porque deseaba crear un arte nuevo, a su manera.

El nombre completo de Picasso era Pablo Diego José Francisco de Paula Juan Nepomuceno María de los Remedios Cipriano de la Santísima Trinidad Clito Ruiz Picasso. ¡Intenta decir esto tres veces y rápido!

Sintiéndose azul...

A los 23 años, Picasso se mudó a París, que era el centro del arte mundial. Era muy pobre. Vivía en un estudio desvencijado en una antigua fábrica, donde varios otros artistas también vivían. Tenía un ratón blanco como mascota en el cajón de una mesa. Durante esta época, pintó varias escenas tristes y personas con rostros largos y tonalidades de color azul. A este se le llamó el **Periodo Azul**.

Hermoso en color rosa

Entonces Picasso se enamoró de una modelo francesa y estaba más contento. Sus pinturas también se miraron más felices. Pintó circos, madres y niños. Todo esto fue pintado en colores rosas, rojos y naranjas. A este se le conoció como el **Periodo Rosa**.

Un cuadrado verdadero

A través de Gertrude Stein, una poeta estadounidense que vivía en París, Picasso se hizo buen amigo de Henri Matisse. Picasso siempre experimentó con nuevas formas de pintar y, con otro amigo artista, Georges Braque, inició el **cubismo**. Los cubistas pintaron objetos desde muchos ángulos diferentes, el frente, la parte trasera, arriba, de lado, todos en la misma pintura. Los cubistas ignoraron la perspectiva y las formas redondas, mostrando al mundo en una forma rectangular y plana. Por ejemplo, Picasso podía pintar dos oídos en el mismo lado de la cara.

Fama y fortuna

Se dice que durante su vida, Picasso creó más de 20 000 obras de arte y se volvió famoso en todo el mundo. Existen varios museos en España y Francia que no exhiben nada más que sus obras.

Los tres músicos

(1921. ÓLEO SOBRE LIENZO. MUSEO DE ARTE MODERNO, EN NUEVA YORK)

Esta famosa escena cubista muestra a un pierrot, un arlequín y un monje que crean música y armonizan juntos. El pierrot usa un traje azul y blanco y toca un clarinete. Un pierrot es un payaso triste. En medio, un arlequín en una vestimenta con figuras naranjas y amarillas, toca una guitarra. Un arlequín es un payaso acrobático. A la derecha, un monje en una túnica negra sostiene hojas con música. ¿Puedes encontrar al perro? Se pierde con facilidad. Mira debajo del pierrot. El perro tiene el mismo tono marrón que la habitación.

Todo en la pintura está hecho con formas planas. Las formas llamativas se sobreponen e intersectan, haciendo difícil decir dónde finaliza una figura y dónde comienza otra.

Picasso nos engaña al hacernos pensar que ha creado un *collage* de papel recortado, pero en realidad es una pintura al óleo.

Objetos Encontrados

Picasso no solo usaba pintura en sus lienzos. A menudo pegaba pedazos de periódico, partituras musicales y papel tapiz a sus pinturas. Incluso les añadía cucharas o madera para hacerlas en tercera dimensión. Cuando los artistas utilizan tales objetos al azar en su arte, se les llama "objetos encontrados", porque podrías encontrarlos tirados por toda la casa. Los artistas contemporáneos han usado basura en su arte. ¿Qué podrías encontrar en tu casa para usar en tu arte?

Gertrude Stein llamó a esta pintura una "naturaleza muerta". ¿Estás de acuerdo con eso?

Salvador Dalí
1904-1989

> La única diferencia entre un loco y yo es que yo no estoy loco.

Extraño, raro, disparatado y estrafalario, son las palabras usadas para describir a Salvador Dalí, ¡y en ocasiones era Dalí quien las usaba! Era el hombre más feliz cuando impresionaba a las personas con su arte y también con su comportamiento. Dalí nació en Figueras, España, y en su infancia experimentó con muchos estilos de arte. Pintó paisajes. Pintó retratos. Intentó el impresionismo y el cubismo. En la escuela de arte de Madrid, Dalí se juntaba con los estudiantes rebeldes y problemáticos. Les decía a los maestros que él era un artista mejor que ellos y se rehusaba a escucharlos. Estos lo expulsaron de la escuela, pero continuó pintando y experimentando.

Lo irreal y lo absurdo

Pronto Dalí descubrió un estilo de arte llamado **surrealismo**. Surrealismo significa "superior al realismo". El surrealismo es una visión de la vida disparatada, oblicua, que a menudo se burla del mundo. Los surrealistas piensan que los sueños, no los pensamientos racionales, muestran lo que en verdad está oculto en nuestras mentes. Dalí describió su obra como "fotografías de sueños pintadas a mano". El arte surrealista coloca a la gente ordinaria y a los objetos cotidianos en entornos estrafalarios. Por ejemplo, ¡en una ocasión Dalí puso una langosta en un teléfono!

Un tipo disparatado

Dalí era bastante raro. Se rehusaba a permitir que alguien viera sus pies desnudos. No caminaba en el pasto porque le tenía un miedo intenso a los grillos. Saltaba arriba y abajo en público para llamar la atención.

Collage surrealista

¡Deja libre tu imaginación para crear arte surrealista!

Necesitarás lo siguiente: Revistas
- Papel
- Tijeras
- Marcadores
- Lápiz adhesivo

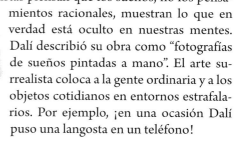

Tu creación:

1. Corta objetos al azar en las revistas.
   Busca imágenes que sean extrañas y de objetos cotidianos, como pasta de dientes, una bicicleta, un perro o un rollo de papel de baño. Tómate el tiempo que necesites para cortar las imágenes de manera que las orillas estén rectas y precisas.

2. A continuación, corta como fondo un paisaje y pégalo en el papel. O dibuja el paisaje que prefieras con marcadores.

3. Elige imágenes de las que recortaste que se puedan colocar en **yuxtaposición**, lo que significa que por lo general no están juntas pero que ahora se pueden poner una junto a la otra. Por ejemplo, usando como fondo un sendero en el campo, pega una foto de un pez montado en una bicicleta y llevando en equilibrio en el manubrio una pera. ¡Estarás creando arte surrealista!

La persistencia de la memoria

(1921. ÓLEO SOBRE LIENZO. MUSEO DE ARTE MODERNO, EN NUEVA YORK)

Este paisaje del desierto con relojes que se derriten es la más famosa pintura surrealista. Dalí dijo que parte de la idea le llegó en un sueño. ¿Por qué piensas que muestra el tiempo derritiéndose? Muchas personas creen que Dalí nos está diciendo que el tiempo carece de sentido.

El paisaje es del noreste de España, donde Dalí vivió su infancia.

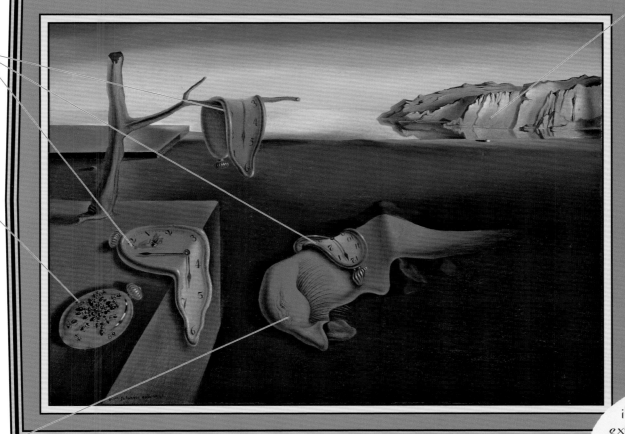

Los tres relojes que se derriten detuvieron su marcha en horas diferentes.

La mosca en el reloj y las hormigas simbolizan putrefacción; como si el tiempo estuviese perdiendo su significado.

En todas las pinturas de Dalí, puedes encontrar su autorretrato. ¡Y aquí está!

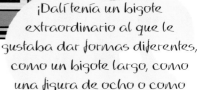

¡Dalí tenía un bigote extraordinario al que le gustaba dar formas diferentes, como un bigote largo, como una figura de ocho o como unos manubrios!

La verdadera historia del queso

Dalí había pasado todo el día pintando en su estudio. Su pintura mostraba una playa y la costa rocosa frente al mar. Había pintado un olivo al que le faltaban la mayoría de sus ramas. El resto de la pintura estaba vacío. No sabía cómo llenarla. Esa noche estaba cansado y padecía de un dolor de cabeza. Así que les dijo a sus amigos y a su esposa que se fueran al cine sin él. Se sentó en la mesa del comedor durante mucho tiempo contemplando los restos fundidos de un queso Camembert. El Camembert es un queso suave, redondo, viscoso. ¡Entonces se le ocurrió una idea! Fue a su estudio y llenó la pintura con relojes que parecían como quesos Camembert fundidos. Cuando su esposa regresó del cine le mostró la pintura y le preguntó si ella pensaba que la olvidaría en un lapso de tres años. Ella pensó que una vez que alguien hubiese visto la imagen no había forma de que la olvidara nunca.

Jackson Pollock
1912-1956

Ya sea que lo admires o lo aborrezcas, Jackson Pollock cambió la forma en que miramos el arte. Desde el momento de su nacimiento en Cody, Wyoming, Pollock estuvo lleno de energía. Era un niño inquieto que no le gustaba seguir las reglas y su mamá lo animó a pintar. Hasta la Segunda Guerra Mundial, París había sido el centro del arte mundial. Ahora el centro mundial era Nueva York. A la edad de 18 años, Pollock se mudó a la ciudad de Nueva York y se inscribió en la Asociación de Estudiantes de Arte. Pollock comenzó haciendo dibujos realistas. Estaba fascinado por los surrealistas y por la idea de que el arte debía únicamente fluir de la mente del artista. Su meta era pintar sus emociones, dejando que salieran sin que sus pensamientos bloquearan su camino. Cuando pintaba, intentaba que su mente estuviera en blanco.

Gota a gota y salpicando

Pollock se hizo famoso por sus pinturas de "goteo" o "salpicadura". Estas también se conocen como "**pinturas de acción**". En su granja en East Hampton, Nueva York, colocaba lienzos enormes acostados en el piso del granero. Luego se movía alrededor, mirando el lienzo desde diversos ángulos y arrojaba pintura directamente de la lata, lanzando gotas y salpicaduras.

Pollock usaba todo su cuerpo, arrojando sus brazos y moviendo su peso atrás y adelante. Las líneas de pintura seguían la danza de su cuerpo. Nunca dejaba de moverse mientras trabajaba, lo cual hizo que se ganara el apodo de **Acción Jackson**.

> En el piso me siento más cómodo, más cercano, más parte de la pintura, ya que de esta forma puedo caminar a su alrededor, trabajar desde los cuatro lados y literalmente estar en la pintura.

Un poco de esto y un poco de aquello

Para aplicar la pintura al lienzo, Pollock utilizó todo lo que pudiera encontrar, incluyendo varas, cuchillos, palos y jeringas para inyectar pavos. No quería ver ningún pincel. En ocasiones salpicaba arena, trozos de vidrio, tornillos o cenizas de sus cigarrillos en el lienzo para darle textura a su obra. Para colocar una capa tras otra, usaba pintura industrial o esmalte, que se secaba con rapidez.

Emociones en movimiento

Pollock ni planeaba ni hacía bosquejos de sus pinturas con anterioridad. Dejaba que sus emociones guiaran su mano y su cuerpo. Pollock insistía en que cada línea, gota o hilillo de pintura estuviese controlado. Este estilo de pintura abstracta se llama **expresionismo abstracto**.

Número 1A, 1948

(1948. Pintura de aceite y esmalte sobre lienzo.
Museo de Arte Moderno, en Nueva York)

Como todas sus pinturas de goteo, esta no tiene un tema reconocible. Pollock cesó de darle un título a sus pinturas y en lugar de ello las numeró. Decía que los números no ocasionaban que el espectador pensara en algo antes de experimentar la pintura.

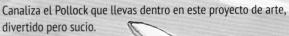

¡Salpicando!

Canaliza el Pollock que llevas dentro en este proyecto de arte, divertido pero sucio.

Necesitarás lo siguiente:

- Lienzo
- Pintura de acrílico o témpera diluida
- Pinceles, palitos de paletas de dulce, cepillos de dientes, tenedores de plástico, jeringa para inyectar pavos.
- Lona plástica o mantel desechable (mientras más grande mejor)
- Ropa vieja

Tu creación:

1. Es mejor trabajar al aire libre. Extiende tu lona y coloca los botes de pintura diluida y tu lienzo encima de esta.

2. Usando la ropa vieja, moja tu instrumento para pintar y lanza, salpica, da golpecitos o gotea la pintura en tu lienzo. ¡No pintes!

3. Cambia de posición. Muévete alrededor. Detente si tu pintura comienza a parecer confusa y embarrada. Deseas ver salpicaduras y remolinos fabulosos.

En la parte superior derecha, puedes ver en dónde dejó huellas de manos. La huella de su mano era su firma.

Las capas de hilos de pintura crean una red intricada. Esto se ve como un desorden, pero existe un equilibrio y un ritmo.

En una ocasión, Pollock derribó un muro en su estudio para que cupiera un enorme lienzo de seis metros.

Jacob Lawrence
1917-2000

Cuando el tema es fuerte, la simplicidad es la única forma de tratarlo.

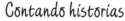

Jacob Lawrence fue uno de los artistas afroamericanos más influyentes. Cuando nació, sus padres se habían reubicado recientemente en Atlantic City, Nueva Jersey, provenientes del sur. Cuando tenía 13 años, se mudó, en compañía de su madre, hermano y hermana, a un área de la ciudad de Nueva York llamada Harlem. Su madre lo inscribió en un programa extra escolar, en un centro comunitario juvenil. Ahí Jacob experimentó primero con el arte usando crayones y papel de desperdicio. Después, en casa, pintó escenas en cajas de cartón usadas. Además, cortaba un lado de la caja para proporcionarle a sus escenas un efecto en tercera dimensión.

A Lawrence le agradaba visitar los museos de arte y leer libros de arte. Se preguntaba por qué había tan poco acerca de afroamericanos en el arte que vio. Pensaba que si las personas no se veían a ellas mismas o a su historia reflejadas en una pintura, no podrían estar orgullosos de ellos mismos o de sus ancestros. Así que prometió que cambiaría eso.

Artistas afroamericanos

Durante mucho tiempo, la historia del arte cometería el error de no exhibir el talento de los artistas afroamericanos debido a siglos de discriminación. Ya que es imposible comprimir cada artista importante en este pequeño espacio, presentamos solo algunos artistas afroamericanos de los que quizá te gustaría saber más:

Joshua Johnson, pintor de retratos.

Robert S. Duncanson, pintor paisajista.

Henry Ossawa Tanner, pintor realista.

Alma Thomas, pintora abstracta.

William H. Johnson, Palmer Hayden, Malvin Gray Johnson, Sargent Johnson y **Augusta Savage**, pintores del Renacimiento de Harlem.

Romeare Bearden, artista de *collage*.

Jeff Donaldson y **Betye Saar**, artistas del Movimiento de Arte Negro.

Kara Walker, artista de silueta contemporánea.

Contando historias

Lawrence asistió a la escuela de arte, luego se convirtió en maestro y desempeñó muchos otros empleos. Ahorró dinero para hacer lo que le encantaba, ¡pintar!

Mientras vivía en un antiguo edificio en la ciudad de Nueva York, sin calefacción, ni agua corriente, pintó una serie de 60 pinturas llamadas *La serie de migración*. Esta serie cuenta la historia de cómo dos millones de afroamericanos del sur rural de Estados Unidos viajaron hacia el norte urbano, durante y después de la Primera Guerra Mundial, en busca de empleos, mejores condiciones de vida y una vida sin discriminación. La Gran Migración, como se le llamó a esto, fue el grupo de personas más grande que se haya mudado de un lugar a otro de Estados Unidos, lo cual produjo grandes cambios en ese país.

Cubismo dinámico

En el lapso de un año, Lawrence pintó un total de 60 cuadros a la vez, color por color, así que todos ellos compartieron la misma paleta. Lawrence utilizó colores llamativos y una composición aplanada. Formas sencillas crearon las cabezas y los cuerpos. Denominó a su estilo moderno, **cubismo dinámico**.

Rompiendo barreras

A la edad de 24 años, Lawrence se convirtió en el primer artista afroamericano en tener una pintura incluida en la colección permanente del Museo de Arte Moderno de la ciudad de Nueva York. En la actualidad, sus obras se encuentran en más de 200 museos.

Lawrence dijo: "Para mí, la migración significa movimiento... intento transmitir este ritmo en las pinturas".

La migración de los negros, número 12

(1940-1941. PINTURA TÉMPERA EN AGLOMERADO DE MADERA. MUSEO DE ARTE MODERNO, EN NUEVA YORK)

Esta pintura es el cuadro número doce en la *Serie de Migración* de Lawrence. A principios del siglo XX, muchos afroamericanos tuvieron que viajar lejos de casa para encontrar empleos en las fábricas del norte de Estados Unidos. Lawrence capta la dificultad de la travesía y sus conflictos y esperanzas. En este cuadro, la gente espera en una estación de tren atestada. En ese entonces no había aeropuertos. El ferrocarril era el medio de enlace entre el sur y el norte de Estados Unidos. Cada una de las pinturas tiene un número y la intención fue que se deberían ver en orden para contar un relato histórico. Cada pintura también tiene un subtítulo. El subtítulo para el número 12 es: "Las estaciones de tren en ocasiones estaban tan atestadas de personas que partían de viaje que se tenían que poner guardias especiales para mantener el orden".

Las formas aplanadas y angulares de Lawrence muestran la influencia del cubismo.

Lawrence consideraba su serie de 60 pinturas como un trabajo individual. Así que se molestó cuando el Museo de Arte Moderno de Nueva York compró únicamente las pinturas con números pares y la Colección Phillips, en Washington, D.C., compró solo los números nones.

Andy Warhol
1928-1987

No pienses en crear arte, solo llévalo a cabo. Deja que los demás decidan si es bueno o malo, ya sea que lo amen o lo odien. Mientras deciden, crea todavía más arte.

Andy Warhol fue la estrella de rock del mundo del arte. Creó el **arte pop**, uno de los estilos más divertidos en el arte moderno. Warhol nació en Pittsburgh, Pensilvania y fue un niño enfermizo que con frecuencia no iba a la escuela por permanecer en casa. Su madre le prometió que cada vez que terminara de colorear la página de un libro, lo premiaría con una barra de chocolate. ¡Andy coloreó *un gran número* de páginas! También leyó muchas revistas del mundo del cine y soñaba con ser famoso algún día.

Cuando era niño, Warhol asistió a clases de arte los fines de semana en un museo cercano. Después de graduarse de la universidad con un título en arte, se mudó a la ciudad de Nueva York para comenzar a trabajar en el campo de la publicidad y la ilustración de modas. Uno de sus primeros empleos fue ilustrar zapatos para la revista *Glamour*. Su verdadero nombre era Andy Warhola, pero cuando *Glamour* publicó sus ilustraciones, omitieron por error la letra "a" final. Y él decidió dejar así su apellido.

Fiesta artística

A Andy le encantaba dibujar zapatos coloridos y obtuvo muchos empleos para dibujar calzado. También diseñó tarjetas de felicitación, cubiertas de álbumes musicales y escaparates de tiendas de departamentos. Estaba tan ocupado que invitaba a sus amigos a su departamento a que lo ayudaran a colorear su trabajo. ¡Incluso su mamá le ayudaba! Warhol tenía mucho éxito pero deseaba crear algo nuevo con su arte. Y también anhelaba ser famoso.

El arte está en todas partes

Al observar a otros artistas, Warhol sentía que el expresionismo abstracto era demasiado egocéntrico, ¿a quién le importaba lo que algunos artistas sentían? En lugar de eso, demostró que el arte se podía encontrar en los letreros, los anuncios y envolviendo todo nuestro alrededor. Hizo pinturas de billetes de dólar, botellas de Coca Cola y latas de sopa. Este arte llegó a conocerse como arte pop debido a que se basaba en la cultura popular.

Cuando expuso por primera vez las pinturas de la lata de sopa en una galería de Los Ángeles, a la edad de 34 años, algunas personas se enojaron y dijeron que era un anuncio publicitario, no arte verdadero. Warhol se defendió y preguntó: "¿Por qué no es arte?". Warhol explicó que pintaba los objetos que vemos todos los días y en los que no dejamos de pensar. Creía que "todo es hermoso". Se aseguró de copiar el envase de lata con exactitud. Además, no deseaba que sus emociones se introdujeran en su arte.

Cada mes, Warhol colocaba una caja de cartón abierta en su escritorio y la llenaba de fotografías, cartas, talones de boletos de cine, recuerdos, o cualquier objeto que le interesara. Entonces la almacenaba en algún lugar. Llamaba a sus cajas, "cápsulas del tiempo". Para la fecha en que falleció, había llenado 612 cajas.

¡Fama!

Warhol se convirtió en una leyenda viviente, y ese era su plan desde el principio. Desde sus inicios, decidió que una apariencia rara haría que la gente lo recordara y mejoraran las ventas. Su apariencia característica incluía grandes lentes para el sol, una chamarra de piel negra, botas de tacón alto, una peluca blanca y una piel pálida. ¡Tenía más de 400 pelucas! Warhol prometía que, "en el futuro, todos serán famosos durante 15 minutos". Él fue famoso por mucho más tiempo.

The Factory (La fábrica)

The Factory fue el famoso estudio de arte de Andy Warhol en la ciudad de Nueva York. Este enorme edificio había sido una fábrica de sombreros. Warhol pintó todas las paredes de ladrillo de plateado y cubrió el concreto con papel aluminio. Incluso usaba una peluca plateada. En este lugar, Warhol puedo crear numerosas pinturas con la ayuda de mucha gente, como si de verdad trabajara en una fábrica. "Quiero ser como una máquina", dijo en una ocasión. Sus asistentes eran semejantes a los aprendices que trabajaron con pintores famosos hace varios siglos.

Warhol también realizó películas en The Factory. En las películas, simplemente dejaba que los "actores" fuesen ellos mismos, en lugar de actuar en un papel. Hizo una película titulada *Dormir*, ¡que mostraba a un hombre que dormía durante seis horas! The Factory no solo sirvió para crear arte. Warhol celebró ahí grandes fiestas con muchos invitados famosos y el lugar se convirtió en uno de los sitios más atractivos para visitar en la ciudad.

Latas de sopa Campbell's

(1962. SERIGRAFÍA. MUSEO DE ARTE MODERNO, EN NUEVA YORK)

Nada parece más ordinario que una lata de sopa Campbell's. En la década de 1960, la etiqueta roja y blanca se encontraba en todas las tiendas de abarrotes y en toda alacena. Warhol realizó una serie de latas de sopa, pintando cada una de las 32 variedades de sopa Campbell's. Cada obra de la serie es una impresión de fotos con serigrafía. La serigrafía se utilizaba con frecuencia para elaborar pósteres publicitarios, ya que permitía hacer un gran número de copias de una sola imagen. Para Warhol, este método ayudaba a mostrar cómo las latas de sopa se encuentran a todo nuestro alrededor y también que había belleza en los objetos cotidianos.

Warhol imprimió imágenes gráficas llamativas sobre un fondo blanco, de manera que la lata de sopa resaltara. Deseaba que la lata pudiese parecer valiosa.

La serigrafía es una forma de imprimir muchos colores. Una malla de seda fina se estira y se fija en un marco. Un patrón de algún dibujo se coloca a la malla. Entonces se presiona la tinta a través del área recortada con un instrumento especial de esponja o de goma.

Después de la Segunda Guerra Mundial, los colores se volvieron más vivos y el diseño más gráfico. Andy Warhol fue el rey del arte pop, pero otros artistas, como **Jasper Johns** y **Yayoi Kusana**, se unieron a él en este estilo. **Roy Lichtenstein** fue famoso por un arte que se parecía a los dibujos de historietas.

Después del pop, una parte del arte se volvió súper sencilla. Muchos artistas pintaron únicamente con uno o dos colores, o sus lienzos mostraban solo un bloque de color. Estos artistas **minimalistas** incluyeron a **Mark Rothko**, **Frank Stella** y **Robert Rauschenberg**.

La fotografía fue una forma de arte popular. **Ansel Adams** fue conocido por sus impresionantes fotos en blanco y negro. **David Hockney** combinó la fotografía con el arte pop. El **fotorrealismo** tuvo éxito en la década de 1970. Artistas como **Chuck Close** utilizaron fotografías en lugar de modelos y luego las pintaron con gran detalle. **Cindy Sherman** se fotografió a sí misma con una diversidad de pelucas y disfraces. En fecha más reciente, la capacidad de transformar fotos en la computadora les ha permitido a artistas como **Gerhard Richter** crear obras sorprendentes al pintar sobre sus fotos.

El arte se hizo más grande en tamaño. Diego Rivera se volvió famoso por sus murales que muestran la historia de México y los gemelos brasileños **Os Gemeos** son conocidos en la actualidad por sus enormes y coloridos murales de grafiti. La palabra grafiti proviene del término italiano que significa "rascar". El grafiti pintado con aerosol en los edificios es un delito, pero artistas como **Cy Twombly** y **Jean Michel Basquiat** hicieron un arte del grafiti en lienzos.

La escultura ya no es únicamente arcilla, mármol y bronce. En la actualidad, se emplean los materiales reciclados, las telas,

d con el arte?

las piedras preciosas y el acero. **Jeff Koons** creó una escultura de acero que parece un enorme perro de globos. **Damien Hirst**, ¡cubrió un cráneo con diamantes!

El arte también se utiliza para expresar mensajes políticos. El póster gráfico *Hope* de **Shepard Fairey**, para la campaña electoral de 2008 del presidente Barack Obama, se exhibió por

todas partes. El artista chino **Ai Wei Wei** usa su arte para mostrar la injusticia de su gobierno.

Como puedes ver, el arte cambia de manera constante. No hay reglas. Todo puede ser arte y cualquiera puede crear arte. ¡Esto te incluye a ti! Intenta ser creativo. Uno nunca sabe, pero algún día tu arte podría aparecer en un libro como este.

Índice

Las ilustraciones están indicadas en **NEGRITAS**

Academia de Bellas Artes de Pensilvania, 54
Aceite, pintura de, 18
Acuarelas, pintando con, 24, 44
Adams, Ansel, 92
Afroamericanos, artistas, 88
Ai Wei Wei, 93
Almuerzo de los remeros, El, **53**
Anatomía, 22
Andre, Carl, 8
Aprendices, 20
Art nouveau, 68
Arte abstracto, 78
Arte africano, 15
Arte antiguo de Egipto, 11
Arte antiguo en el mundo, 14-15
Arte barroco, 30
Arte chino, 14
Arte clásico, 12
Arte de la jungla, 61
Arte de luz de sol con raspado, 53
Arte español, 30-31
Arte griego, 12
Arte islámico, 14
Arte japonés, 40-41
Arte latinoamericano, 15
Arte medieval, 13, 16
Arte naíf, 60
Arte nativo americano, 15
Arte pop, 90, 92
Arte renacentista, 20-21; Norte, 24
Arte romano, 12
Arte, ¿dónde se encuentra?, 74-75; ¿qué es?, 8; ¿qué ocurre en la actualidad?, 92-93; aspectos políticos, 83; cronología, 96; preguntas cuando se contempla, 9

Artistas mujeres, 55
Asociación de Estudiantes de Arte, Nueva York, 86
Autorretratos, 24
Autorretrato con oreja vendada, 65

Baño del niño, El, **55**
Basquiat, Jean Michel, 92
Batalla de Hastings, La, 13
Bateau, Le, **76**
Bauhaus, Alemania, 78
Bayeaux, El tapiz de, **13**
Belleza, 20
Beso, El, **69**
Biblioteca de la Universidad de Stanford, Palo Alto, 77
Blaue Reiter, Der (grupo artístico), 80
Bloques de madera, impresión con, 40-41, 72
Bosquejos, 22
Bordado, 13
Botticelli, Sandro, 20-21
Braque, Georges, 82
Bronce, esculturas, 12
Brueghel, Pieter, 28-29

Caballo azul, El, **81**
Caligrafía, 14
Can-Can, 73
Capilla Sixtina, Palacio del Vaticano, Roma, 26, 27
Carle, Eric, 81
Cassatt, Mary, 54-55
Céfiro, **21**
Cerámica pintada, 12
Cézanne, Paul, 50-51
Cinco sentidos, pintando con, 43

Clase de danza, La, **49**
Close, Chuck, 92
Colección Phillips, Washington, D.C., 53
Colecciones, 75
Collages, 76-77; surrealismo, 84
Color, 36-37, 62, 78; código, 80; rueda del, 36; temperatura, 37
Composición, 28
Contraste, 32
Cortina, jarra y plato con fruta, **51**
Cosecha, La, 29
Cronología, 96
Cubismo, 82
Cubismo dinámico, 89
Cuevas, pinturas de Lascaux en, **10**
Cupido, **21**

Dalí, Salvador, 84-85
David, El, **27**
Degas, Edgar, 42, 48-49, 55
Durero, Alberto, 24-25

École des Beaux Arts, 66
Edad de piedra, 10
En plein air, pintura, 46
Entierro de Pierrot, El, **77**
Equilibrio, 29
Escultura, 48, 58, 59, 93; griega, 12; romana, 12
Esfinge, Giza, Egipto, 11
Esfumado, 23
Espátula, 50
Estatuas de madera, 15
Exhibiciones, 54
Exhibiciones de arte, 75
Expresionismo, 70-71, 80

Expresionismo abstracto, 87

Factory, The, 91
Fairey, Shepard, 93
Falsificaciones, 34
Felipe IV, rey de España, 30
Festival Qingming junto al río, El, **14**
Fondo o segundo plano, 56
Formas negativas, 77
Formas positivas, 77
Fotografía, 92
Fotorrealismo, 92
Fovistas, 76
Frankenthaler, Helen, 55
Frente o primer plano, 56
Frescos, 27

Galería Belvedere Osterreichische, en Viena, 69
Galería Mauritshuis Royal Picture, La Haya, 33, 35
Galería Nacional de Arte, Washington, D.C., 45
Galería Nacional de Noruega, Oslo, 71
Galería Nacional, Londres, Inglaterra, 19, 61
Galería Uffizi, Florencia, 21
Galerías, 75
Galerías de arte, 75
Gauguin, Paul, 62-63, 64, 65
Gemeos, Os, 92
Giovanni Arnolfini y su esposa, El retrato de, **19**, 31
Giverny, Francia, 47
Glamour, revista, 90
Goteo, pinturas por, 86
Goya, Francisco de, 38-39

Grabado, 24
Grafiti, 92
Grito, El, **71**

Harper's Weekly, 44
Hirst, Damien, 93
Hockney, David, 92
Hokusai, Katsushika, 41, 72
Hombre con la nariz rota, El, 58
Homer, Winslow, 44-45
Hope, 93

Impresión, sol naciente, 46
Impresionismo, 42, 46, 47, 48, 50,
    52, 53, 54, 55, 66
Instituto de Arte de
    Chicago, 41, 55, 67

Jean, duque de Berry, 16-17
Jeroglíficos, 11
Johns Jasper, 92
Joven de la perla, La, **35**
Julio II, papa, 27

Kahlo, Frida, 55
Kilns, 12
Klee, Paul, 78-79
Klimt, Gustav, 68-69
Koons, Jeff, 93
Kusana, Yayoi, 92

Lascaux, pinturas rupestres, **10**
Latas de sopa Campbell's, **91**
Lawrence, Jacob, 88-89
*Lección de anatomía del doctor
    Nicolaes Tulp, La,* **33**
Leonardo da Vinci, 22-23;
    da Vinci, inventos, 22
Letras iluminadas, 16
Libro de horas, 16-17
Libros iluminados, 16
Lichtenstein, Roy, 92
Liebre joven, **25**

Lienzo, 18
Limbourg, hermanos, 16
Litografía, 72
Luz, 32, 47

Manet, Édouard, 42-43
Marc, Franz, 80-81
Máscaras, 15
Matisse, Henri, 76-77, 82
Medici, familia, 20
Meninas, Las, 31
Mercurio, **21**
Meses del año, Los, 29
Mezquitas, 14
*Migración de los negros,
    número 12, La,* **89**
Miguel Ángel, 26-27
Miniaturas, 17
Minimalismo, 92
Momias, **11**
Mona Lisa, **23**
Monet, Claude, 46-47, 52, 62
Morisot, Berthe, 55
Mosaicos, 15
Mosaicos bizantinos, 68
Moses, Grandma, 55
Moulin Rouge: la Goulue, **73**
Movimientos, 9
Munch, Edvard, 70-71
Mural de la vida, El, 70
Murales, 11, 92
Museo Albertina, Viena, 25
Museo Británico, Londres, 41
Museo Condé, Chantilly, 17
Museo de Arte de Filadelfia, 47
Museo de Arte de Indianápolis, 73
Museo de Arte Herbert F. Johnson,
    Universidad Cornell, Ithaca, 77
Museo de Arte Moderno, Nueva
    York, 65, 83, 85, 87, 89, 91
Museo del Hermitage, San
    Petersburgo, 63
Museo del Louvre, París, 23

Museo del Prado, Madrid, 39
Museo Kunstmuseum Basel, 79
Museo Metropolitano de Arte,
    Nueva York, 29, 41, 49, 76
Museo Munch, Oslo, Noruega, 71
Museo Nacional de Mujeres en las
    Artes, Washington, D.C., 55
Museo Orsay, París, 43
Museo Rodin, París, 59
Museo Saarland, Saarbrücken,
    Alemania, 81
Museos, 74-75
Muy ricas horas, Las, **17**

Napoleón I, emperador de Francia, 39
Napoleón III, emperador de
    Francia, 545
Naturaleza muerta, 50, 51
Naturalismo, 18
Nave Nave Moe, **63**
Neoimpresionista, 66
Nevelson, Louise, 55
Noche estrellada, La, **65**
Número 1A, 1948, **87**

O'Keefe, Georgia, 55
Objetos encontrados, 83

Paisajes, 28, 29, 40
Paisajes marinos, 44, 45
Paleta, 18
Pasteles, 48
Patrones, 14, 68-69
Pensador, El, **59**; ubicaciones en
    E.U., 59
*Pequeña bailarina de 14 años,
    La,* 48
Perfiles, 11
Pergamino, pintura de, 14
Persistencia de la memoria, La, **85**
Perspectiva, 56-57
Picasso, Pablo, 82-83; Periodo
    azul, 82; Periodo rosa, 82

Piedad, La, 26
Pífano, El, **43**
Pigmentos, 18
Pinceles, 18
Pintura al aire libre, 47
Pintura en blanco y negro, 38
Pintura primitiva, 60
Pintura témpera, 20
Pintura, herramientas, 18
Pinturas de acción, 86
Pinturas de animales, 80-81
Pinturas temáticas, 46
Plano, 56-57
Pollock, Jackson, 86-87
Pósteres, carteles, 72-73, 93
Postimpresionismo, 64
Primavera, La, **21**
Proporción, 11
Publicidad, 72, 73, 90
*Puente japonés y el estanque de
    lirios, El,* **47**
Puertas del infierno, Las, 59
Puntillismo, 66-67
Punto de fuga, 45
Punto medio, 56

Realismo, 42, 44
Recorte de collages, 77
Rembrandt, Van Rijn, 32-33
Renoir, Pierre Auguste, 52-53
Retrato, pintura, 30, 31;
    autorretrato, 33
Richter, Gerhard, 92
Ringgold, Faith, 55
Rivera, Diego, 92
Rodin, Auguste, 59-59
Romanticismo, 38
Rostro de pañuelos desechables, 79
Rostros, elaboración, 71
Rothko, Mark, 92
Rousseau, Henri, 60-61

Salon des Refusés, París, 54

Salón, Academia Francesa, París, 54
Salpicadura, pintura por, 87
Senecio, 79
Series de migración, Las, 88
Serigrafías, 91
Seurat, Georges, 66-67
Sherman, Cindy, 55, 92
Siluetas, 33
Simetría, 11
Stein, Gertrude, 82
Stella, Frank, 92
Subastas de arte, 75
Surrealismo, 84-85

Tahití, 62-63
*Tarde de domingo en la Isla de la
    Grande Jatte,* **67**
Tejido de canastas, 15
*Tigre en una tormenta tropical
    (¡Sorprendido!),* **61**
Tótems, 15
Toulouse-Lautrec, Henri de, 72-73
*Treinta y seis vistas del monte
    Fuji,* 41
*Tres de mayo de 1808 en Madrid,
    El,* **39**
Tres gracias, Las, 21
Tres músicos, Los, **83**
Trompe l'oeil, 27
Twombly, Cy, 92

Van Eyck, Jan, 18-19, 31
Van Gogh, Vincent, 62, 64-65, 80;
    historia de la oreja, 65
Van Meegeren, Hans, 34
Velázquez, Diego, 30-31, 43
Vitela, papel, 17
Venus, 21
Vermeer, Jan, 34-35
*Viento se levanta, El (Un buen
    viento),* **45**

Warhol, Andy, 90-91

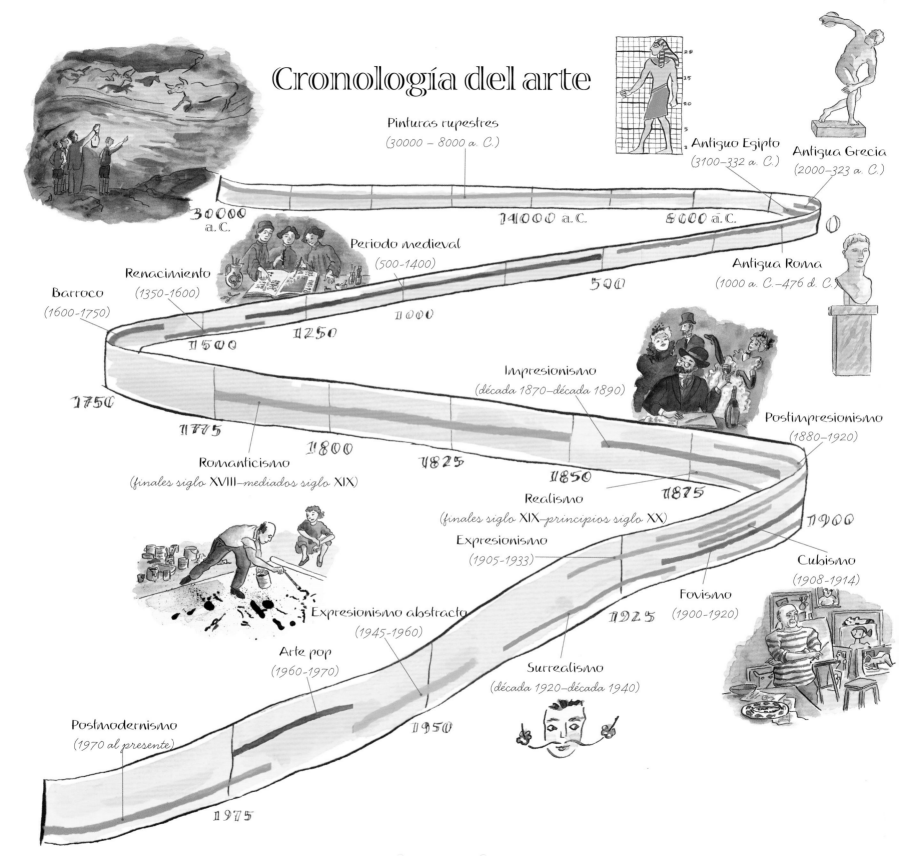

Cronología del arte

Pinturas rupestres
(30000 – 8000 a. C.)

Antiguo Egipto
(3100–332 a. C.)

Antigua Grecia
(2000–323 a. C.)

30000 a. C.

14000 a. C.

8000 a. C.

0

Periodo medieval
(500-1400)

Antigua Roma
(1000 a. C.–476 d. C.)

500

Renacimiento
(1350-1600)

1000

Barroco
(1600-1750)

1250

1500

Impresionismo
(década 1870–década 1890)

Postimpresionismo
(1880–1920)

1750

1775

Romanticismo
(finales siglo XVIII–mediados siglo XIX)

1800

1825

1850

1875

Realismo
(finales siglo XIX–principios siglo XX)

1900

Expresionismo
(1905-1933)

Cubismo
(1908-1914)

Expresionismo abstracto
(1945-1960)

Fovismo
(1900-1920)

Arte pop
(1960-1970)

1925

Surrealismo
(década 1920–década 1940)

Postmodernismo
(1970 al presente)

1950

1975